2010年、世界の国際観光客数は10億人！
日本の旅館・ホテルは勝ち残れるか！

旅館・ホテル

21世紀は地球観光の時代

近畿大学ホスピタリティ産業研究所
重森安雄

創英社／三省堂書店

はじめに

旅館・ホテル創生の妙薬を見出すべく「失敗の経営から学んだ教訓」を活かし有益なタタキ台ならぬ「タタカレ台」を本にしました

　著者は33年間、大手デベロッパーに勤務してきた。旅館・ホテル・レストラン・旅行業などが専門で、業界のほぼ全領域にわたる業務を、常に現場最前線の担当者として、広く経験する機会にめぐまれたといえる。
　常に、企画・営業・運営の現場にあって、国内外の旅館・ホテル11軒、レストラン3軒など、通常の運営業務はもちろん、加えて、開設・買収・売却・閉鎖・解体など、いわば事業の栄枯盛衰の歴史そのものを体験することになった。この意味で、決して華やかなエリートホテルマンではない。

　著者が担当していたホテル事業の経営母体は不動産業であったために、典型的なバブルの後遺症にかかった。銀行主導の再建にあたって、付帯事業（本業ではない）の一部であったホテル物件は、残念ながらまっ先に「犠牲物件」として活用されてしまったため、運営の足元は崩れ去った。結果的に、リノベーション計画も固執できず再生に失敗もした。

　エリートホテルマンに比べ、野戦のホテル戦士とでもいえそうな著者には、あえて知らしめるほどの晴れがましい戦歴はない。
　しかし多彩・奇抜？　な開発・経営戦略の体験にもとづいた旅館・ホテルの経営手法は、一般では考えられないようなアイデア、スピード、推進力を持ち、一考に値するところは多く、今こそ通用する創生のための経営ヒントもあれば、「失敗の経営から学んだ体験」ならではの反省も教訓もたくさんある。

　将来に向けて、少なくとも著者自身が旅館・ホテルの創生を実現する多くの教訓を得たことだけは確かである。

　「良薬は口に苦し」、苦い経験の中から得た教訓こそ創生の妙薬になるものも多いと思う。とはいえ、それだけでは役に立たない。

さらに新しい経営手法や技術などを加え、より近代的な科学的経営を構築すべく、あらためて、旅館・ホテル業界を幅広く再見聞し、研究してみることにしたわけだ。

　業界をとらえ直すにあたり、ここでは全国8万軒もあるものの、情報収集力と結束力に欠けている地方・観光地の旅館・ホテルに、ある程度焦点を絞り込むことにしたい。

　「百聞は一見にしかず」、一現場にいると、高所から幅広い視野をもって眺めているつもりでも、実際にはなかなか難しく、つい井の中の蛙になりがちである。著者も、よく「社内には情報がない」と憂いて、積極的に同業や異業種の方々と情報交換をしたつもりであったが、一歩離れて省みれば、当の業界の変化にさえ、いかに気づいていなかったかという事実に我ながら驚かされるほどである。

　そんなことから、業界再見聞のかたわらレポートを作成していくうちに、一冊の本に値する分量になっていた。刊行にあたって、人に本を読んでもらうなど大それたことを考えたわけではない。まず、永年世話になった業界のため、後輩のために、著者の経験や勉強から得た教訓や記録を、ほんの一部であっても、残すことができるのであれば、充分意義があるものと信じ、まとめることにした。多くの先輩に、能力や見識の有無にかかわらず（恥も外聞も無く）、情熱と気力で仕上げることこそ大事と、励まされたのがきっかけでもある。

　しかし、いざまとめては見たものの、予想以上に難しく、表現上いたらない箇所もあろうかと思う。この本を読んでいただける方には、ずいぶんご苦労をおかけすることになるかもしれない。

　旅館・ホテルの華やかな経営論やスマートなサービス論は、ホテルマンの諸先輩方にまかせ、本書では、構造不況下と資産デフレなどで大きな長期的転換期を迎えている旅館ホテル業界の将来のために、できるだけ生々しい業界の実情を再分析し、むしろ業界の問題点をできるだけ取り上げ、そこから、その対策のための着眼点として、切り口を明確に提示してみることにする。

　読者ご自身が各々の見地から、様々な分析と選別評価をされることによっ

て、「さらに新しい経営感覚の創生」や「新しい市場ニーズの創造」を獲得されるために、この本が、タタキ台とはいえないまでも、せめて「タタカレ台」の一部になればと願っている。

　また、この業界にあまり縁がない読者には、日頃客人としてなじみが深くスマートで夢のあるべき旅館・ホテルの内部事情をかいま見てしまうことで、かえって楽しみを削ぐことになるかもしれない。しかし、むしろそんな裏方の実情をご理解いただき、その苦労を乗り越え、日々「いかにお客様に喜んでいただくか」を第一に考え「笑顔でがんばっている」旅館・ホテル業界に、よりいっそう親しみを持ってご愛顧いただけるよう心から願っている。

　著者の調査・研究に際しては、業界の諸先輩の著書や参考資料を始め、諸先輩の多大な直接指導も賜わり、大変勉強させていただいた。また、旅館・ホテルの方々にも現場視察や取材に際して、大変丁寧に応対していただいた。
　本書の執筆にあたり、多くの旅館・ホテル業界の方々、および専門コンサルタントの諸先輩方からいただいた多大なご指導とご協力に対し、ここにあらためて、心から感謝の意を表します。

2001年
近未来ホスピタリティ産業研究所
代表　重森安雄

はじめに 3

目次 6

第1章　天体望遠鏡で覗く21世紀の地球観光！ 11
天体望遠鏡で覗く21世紀の地球観光！

第2章　旅館・ホテル市場の大きな変化　17
旅館・ホテル市場の大きな変化
21世紀は地球観光の時代！

第3章　旅館・ホテル業界の特性　25
旅館・ホテル業界の特性
　業界の構成　宿泊業の特性　収益構造　業種の特徴
　投資の特性　運営の特徴（客室部門　宴会部門　料飲部門）

第4章　ゼロサム環境下の"ホスピタリティ"は危急存亡！35
ゼロサム環境下の"ホスピタリティ"は危急存亡！
リストラで、サービスの心が冷めたか！
ホスピタリティは危機にある？
ウエーター＆クッキングロボ誕生！
自らのホスピタリティ改革は遅れていませんか
「ホスピタリティの心」こそ、21世紀の創生の命！
明確な経営戦略基盤にホスピタリティは育つ

第5章　厳しい経営環境下での企業変革と施策　43
厳しい経営環境下での企業変革と施策
　主な経営の強化策
　販売対策
　設備改善と消費者ニーズ
　経営体制の強化
　コスト削減策

第6章　創生の役割は、ますます大きい！　49

　　　　創生の役割は、ますます大きい
　　　　経営インフラの改革チャレンジ！
　　　　積極的な業務提携の時代！
　　　　資本提携、M&A！　業界の再編成と強化
　　　　投資意欲をそがれた旅館・ホテル業！
　　　　投資家を納得させる経営手法の再構築が急務

第7章　観光地の活性化と新しい経営手法の研究　63

　　　　観光地の活性化と新しい経営手法の研究
　　　　研究1　資本と運営を分離、優秀なオペレーターを編成
　　　　　　　　大きな投資リスクのある旅館・ホテル事業
　　　　　　　　資本と運営の分離のための要点考察
　　　　研究2　投資リスクの軽減と所有形態の多様化
　　　　研究3　抜本的経営革新と観光地の活性化
　　　　　　　　観光地・総括運営会社の設立ヒント
　　　　　　　　観光地・地域総括経営から生まれる経営メリット

第8章　顧客市場の変化と販売ネットワーキング　79

　　　　顧客市場の変化と販売ネットワーキング
　　　　企業法人(交際費勘定)市場の激減と、商習慣の変化
　　　　官々・官民接待市場の見通し
　　　　職場・団体旅行の変化
　　　　福利厚生制度による個人・家族旅行の安定的増加
　　　　家族・友人など個人旅行の台頭と小グループ化
　　　　旅行目的と利用形態の多様化
　　　　観光地の顧客市場国際化
　　　　旅館・ホテルでの顧客の過ごし方の変化

第9章　新たな顧客市場の創造と販売革新　95

　　　　新たな顧客市場の創造と販売革新
　　　　マーケティング戦略のポイント
　　　　直販体制の強化と旅行代理店の共生！
　　　　活用したい！　マスメディア戦略

第10章　リノベーションはイノベーション！　103

　　　　リノベーションはイノベーション・・・改修は経営革新！
　　　　リノベーションは、攻撃のための再投資

第11章　営業形態と、設計概念の変革　115

　　　　営業形態と、設計概念の変革
　　　　　旅館・ホテルの玄関はなぜ一つか
　　　　リノベーションのチェックポイント
　　　　リノベーションの着眼点　（部門別切り口リスト）
　　　　　玄関　　　玄関はなぜ一つでなければならないのか？
　　　　　フロント　フロントカウンターはもう要らない？
　　　　　ロビー　　ロビーは単にチェックイン・アウトの待合所
　　　　　　　　　　ではない
　　　　　客室　　　裸になってくつろげる「自宅以上のやすらぎ」が
　　　　　　　　　　求められている
　　　　　レストラン　旅館の食事は部屋だしばかりではない
　　　　　宴会場
　　　　　　婚礼・披露宴　新郎・新婦のひな壇から仲人さんが消えた
　　　　　　宴会　　　　　インテリアとホテル従業員はお客様の引き
　　　　　　　　　　　　　立て役
　　　　　　　　　　　　　キーポイントは、むしろ照明と音響だ
　　　　　会議　　　ミーティングからコンファレンスの時代
　　　　　展示会　　会場設営の専門的工夫が必要
　　　　　売店　　　お土産ものだけで良いのか？
　　　　　温泉　　　裸の人間は自然に帰る！　新湯治がテーマ？
　　　　　付帯レジャー施設　客層や戦略で特徴づけが必要

　　　　　アメリカの高級ホテルで、最近話題の「キッズサービス」

第12章　これからの観光地の地域開発　137
　　　これからの観光地の地域開発
　　　観光資源を育成する総括的な地域行政が大切！
　　　地域開発行政と一体の長期開発コンセプトを持つ観光地に！
　　　立地環境の変化と対応

第13章　要員問題と雇用形態の変革　145
　　　要員問題と雇用形態の変革
　　　正社員等雇用の実態分析
　　　業界の特性に対応した抜本的な雇用改革！
　　　雇用問題の研究例題
　　　　　　正社員の雇用制度改革
　　　　　　給与制度の基本概念の変化
　　　　　　従来の退職金制度の改良・廃止
　　　　　　契約社員制度の確立と雇用体系改革
　　　人材派遣・配膳会制度の改革と活用
　　　外注業務委託（アウトソーシング）の育成と活用

第14章　遅れているコンピュータ・ハイテク化！　161
　　　遅れているコンピュータ・ハイテク化！
　　　　　日常社会の生活機能はコンピュータ・ハイテク化によって便利に
　　　コンピュータ・ハイテク化の現状
　　　運営がパソコンでもっと便利に、合理的に！
　　　これからはキャッシュフロー重視の経営
　　　まだまだ改良されていく旅館・ホテルコンピュータシステム
　　　これからのシステム導入ポイント
　　　サービスの最前線にハイテク・IT化の話題研究

あとがき　*178*

◆巻末付録◆

旅館・ホテル業界の現状分析・参考資料ダイジェスト

- 資料1　国内市場の現況と将来
- 資料2　旅館・ホテルの市場概況
- 資料3　国観連営業状況
- 資料4　ホテル営業概況
- 資料5　旅館・ホテルの労働環境
- 資料6　タイプ別事業特性
- 資料7　不動産所有と標準的なホテル経営システム
- 資料8　旅館・ホテルの坪当たり建築単価の推移
- 資料9　観光市場の顧客動向
- 資料10　市場のニーズに見る魅力ある観光地・旅館
- 資料11　旅館経営者アンケート
- 資料12　料理部門
- 資料13　サービスへの不満と問題点

◆参考資料◆

- 総務庁「サービス業基本調査」
- 厚生省生活局「環境衛生・営業施設調査」
- 労働省「賃金統計」
- 建設省「建築統計年報」
- 総理府「観光白書」国民生活に関する世論調査
- レジャー白書
- 日本観光旅館連盟
- 国際観光旅館連盟
- 全日本シティホテル協会
- 日本ホテル協会
- レジャー産業研究所「ホテル・旅館ハンドブック」

第1章

天体望遠鏡で覗く
21世紀の地球観光！

天体望遠鏡で覗く21世紀の地球観光!

　旅館・ホテル業界の情勢を大局的に把握するため、誇大表現すれば、遙かなる星空に天体望遠鏡でも向けるような気持ちで、まず以下に示すデータを一見願いたい。
　2000年、日本の人口は1億2千6百万人、少子化現象と高齢化社会を迎え、人口構成(2015年も1億2千6百万人の予測)に即した社会の構造改革や市場の再構築が急務となっている。

　一方、世界では127カ国、人口60億人(国連は2050年には77億人から112億人と予測)を超えた。
　WTO(世界観光機関)の資料によると、世界の観光客数は1998年6億25百万人であったが、2000年は7億人に、2010年には、さらに10億人、2020年には15億6千万人規模に増加が予測されている。

　わが国の21世紀旅館・ホテル業界は、世界マーケットへの対応によっては新しい展開も開け、大きく期待が持てる。

　現況の世界観光の中でわが国を見ると、国内旅行は、JTBの予測によれば、2000年、客単価はさらに0.8％減少傾向にあるが、それでも3億2,544万人(前年比1.8％増)を見込めるとしている。
　海外旅行(99年度法務省調査)は1,635万人に達したにもかかわらず、一方の来訪外客数は、年々増加傾向にはあるものの、443万人にとどまり、逆ザヤ現象はあまりにも大きい。

　国際・国内観光業界全体で、もっと積極的に誘客開発をしてもよい問題だと思われるが、交通インフラサービス網、設備の利便性の改善、サイン・ガイドの整備、言葉の対応や外客接遇サービスマニュアルなどの総合的な受け入れ態勢整備、そして国際競争レベルで見る価格設定(宿泊料金等の割高感がある)などを始めとする課題も多い。
　しかし、一時的には東南アジアの経済低迷の影響などもあって、若干横這い傾向にあるものの、世界マーケットには、かなり開拓の可能性と魅力があ

ることは確かである。
　それら多くの課題は、国と観光産業全体が取り組むべき最大のテーマであり、21世紀へ向け、大きな新市場が到来するか否かは、それらの課題の克服いかんにかかっているといえる。

　世界経済の発展は、人口増加に対応して、年々拡大していく見込みだが、貿易収支等にみられる国際間の不均衡は、国対国の諸情勢で変化しながら、永久的にプラス、マイナス(あるいは、勝ち、負け)の原理を続けるものと思われる。

　このような環境の中で、特に観光地の旅館・ホテルは、国内市場ですら、もてあましている実情を考慮すれば、世界市場など関係ないではないかと考えがちである。ならば、国内市場だけで、旅館・ホテルを存続させ勝ち組になるために、少なくとも、国内ゼロサム市場を前提にした厳しい環境下で、的確な営業戦略が打たれなければならない。

　旅館・ホテルが、全世界とはいわないまでも、最低限、台湾、韓国等、近隣東南アジア諸国に対して、新・営業戦略を持って、もっと積極的に目を向ければ、21世紀には、大きく、新しい市場が開かれていくのは間違いないものと思われる。

　世界をゼロサムと見ても、アメリカが不況の時代に日本は好調であったり、逆に今や、日本や韓国などが経済不況に喘ぐ中、アメリカが好調であったりしている。
　東南アジアも、台湾、韓国など一時的な低迷感はあるものの、中国とともに、引き続き6~7%台の経済成長が見込まれている。
　トータル(サム)的に世界をみると、市場規模は膨大に、拡大・成長をしており、その中での日本の位置付けを改めて、試される時代になってきたのである。

　わが国は、90年代、バブル経済崩壊以後、経済構造不況にみまわれ、いまだ、底入れ感を感じつつも、本格的に回復軌道にのらない。

設備投資、消費性向などを根幹にする国内景気(内需拡大型景気)は、低迷から、なかなか脱皮できないでいる。

　日本全体をゼロサム経済としてみると、特に、地域別、業種別に、時代の(淘汰・新陳代謝など)盛衰や業種間格差、企業間格差をともないながら、変化の激しい経済環境下にあって、今後、従来のような安定経済成長はもはや望めないと考えたほうがよい。

　経団連も、2025年まで日本経済の潜在成長率は2.7%とする試算を発表した。労働人口は減少するものの、ITの進展や技術革新、新産業の創出などが経済の後押しをするとしている。
　もっとも、経団連は「過度の悲観的な予測は潜在成長率そのものを低下させ、経済の停滞・縮小を招くおそれがある」と主張しており、発表内容には経済界のスローガンという側面もある。
　労働寄与率は、0.3%減少、資本と全要素生産性寄与度は1.5%増加するとしていて、根底的に低成長(ゼロサム)経済になっていくことを誰しも認識しておかなければならない。

　現況では、一応景気の底入れ感がある。しかし景況の実情は、不況業種の大幅な低迷も、特にパソコン、ITなど好調なハイテク・情報関連産業や景気対策により下支えされた一部の産業などによって、ほどほどに循環しながら、かろうじて全体の経済バランスが保たれ、平均化した結果の努力堅持である、と考えるべきであろう。
　まさに経済成長率0%時代が続いているのである。

　問題は、ゼロサムでもよいからその経済配分が、いかに円滑に全体を循環するかという、行き着くところ政府の経済政策や産業社会の景気の環境造りに期待すべきものが多い。
　また、景気の良いアメリカ、EC諸国の一部のみならず、韓国、中国等、もっと身近な東南アジアの未開大市場の開拓と交易拡大などの促進により、加えて外資獲得のバランスを考慮しつつ、わが国が、世界経済の均衡の中で、力強い経済基盤復興計画の実現を目指すのは、政府も推進しているとおりである。

　政府は、国、地方債で666兆円の国債残高をかかえつつ、金融システムや

基幹事業の再構築を最優先にしながら、住宅政策、IT等将来産業などへの公共政策を含め、総合景気対策を最重視し、強化している。だが、IT情報関連や自動車など一部好調にもかかわらず、全体の構造型不況はいまだ低迷している。

　将来への社会不安を払拭できないことから、買い控えなど、消費低迷が長期化し、旅館・ホテル・レジャーなどへの消費性向が回復するのも、まだまだ先の気配である。

　ご承知のように、1,200兆円ともいわれる個人資産を保有する国内市場は、外国からみれば魅力に溢れた市場として狙われているほどで、その潜在的経済資産は豊かである。しかし、依然として顧客の財布のヒモは硬い。低価格志向は根強く、品質や付加価値に対する評価は厳しい。

　別の視点から簡単にいえば、イイもの・ホシイものがないから、買ってもらえないのかもしれない。そのことを熟考すべきだ。
　例えば、最近、ソニーから発売された「PlayStation2」の爆発的な売れ行きや、2000年ゴールデンウイークは史上最多の海外旅行客数を記録するなどの現象がみられる。大きな刺激になるはずだ。

　つまり、先行き不安から無駄なお金は使わないが、必要なもの、あるいはイイものには消費者も積極的に買いに出る潜在需要はいまだ大きいということだ。

　平成12年度の観光白書によると、宿泊を伴う国内旅行の宿泊数は延べ6億29百万泊と推計される。
　しかし、1億26百万人（乳児含む）の人口市場から推計すれば、宿泊観光旅行の参加希望率72.5%が、実績55.7%、希望回数2.23回のところ、実績1.24回となっている。これには潜在需要からみて、もう一歩、見込み客の誘客に力不足を感じざるをえない。

　この点に目を向け、マーケット新戦略をうちたてることが、旅館・ホテル業界には不可欠だ。
　すなわち、マーケットからわずか0.001%（年間延べ約62万9千泊）の顧客

に利用してもらうことは、それで充分な小規模の旅館・ホテルから、大小様々に目標はあるだろうが、決して難しい話ではない。

　そこで、本書では、もう一度、業界の現況や特性など足元の問題点を分析しながら、具体的に重要ポイントを絞って、経済環境の変化に対応した経営構造の改革問題や、顧客市場の変化や多様化に対応した新・マーケティング戦略などを展開してみたい。

第2章

旅館・ホテル市場の大きな変化

旅館・ホテル市場の大きな変化

　わが国の本格的旅館・ホテル需要は60年代に始まる。東京オリンピック(1964年)を契機に、いわゆる、第一次ホテルブームが始まり、80年代から90年当初にかけて(ラッシュといわれるほどの)第五次ホテルブームに至るという急成長をとげてきた。
　バブル崩壊以後、金融不況等を発端に、主として、法人需要の激減、個人消費の低迷などが要因となり、利用客の減少、客単価の低下など大幅な売上減少にみまわれて久しい。

　また、旅館・ホテル業界は装置産業といわれるほど、大規模な不動産・設備(資産)をビジネス基盤としているが、資産デフレによって、かつて経験したことのない構造型不況に陥り、厳しい経営試練に久しく耐えている。

　産業界全体には、パソコン、IT情報産業の好調を牽引に、長かった不況トンネルの出口がようやく見え始めている。現在、動きの鈍かった旅館・ホテル業界でも経営改革が本格化しつつあるが、一般企業に比べ、そのスピードは極めて遅い。

　すでに、旧来の経営システムをほぐして経営改革に取り組み、将来へ布石を打った旅館・ホテルにとってさえも、これからは経営環境の変化に動じない、「日々、改革」に取り組めるしなやかな体制作りが必要である。経営インフラの再構築と新体制へ脱却した先にこそ、21世紀に発展する旅館・ホテル像が見えてくるというのが現実であろう。

　金融・証券をはじめ、自動車、電器産業など、先端主流産業ですら、世界的な変革を余儀なくされている現況にあっては、旅館・ホテル業界も積極的に、業界全体をとらえ、より一層スピーディに抜本的構造改革を取り組まなければならない。

　このままの景気低迷下では、都道府県別、地域別、企業別(旅館・ホテル別)など若干差異はあるにしても、旅館・ホテル業界は全体として、業界の総市

場がゼロサムならば、マイナス・サム（縮小均衡）になっていく可能性がある。

　総じて、過去の繁栄に依拠する経営ノウハウやサービス技術への依存体質が、バブル崩壊後も単に経済回復を願うのみにとどまる他力本願を生み、利用客の減少、客単価の低迷から、売上激減に陥った旅館・ホテルに、急務のリストラ施策として、売上の減少に合わせたコスト削減や人員削減など帳尻合わせばかりを、実行させてきたのではないだろうか。

　目の前の収益改善に四苦八苦して、いつの間にか、顧客市場の急激な変化、しかも大きな流れの変化を交通整理することなく、単なる値引きによる安売りや、様々な特典付サービス企画などを先行させてきた。
　最優先で、売上改善の努力をしてはいるが、あまりにも、長期間売上減少が続くために、抜本的な経営構造改革に着手できないまま、段階的かつ、部分的に主としてコスト削減なる改革を進めたものの、結果としてその努力も売上減少をカバーしきれず、赤字転落していった旅館・ホテルが大半だと思われる。

　現況の徹底分析と将来の展望によって、旅館・ホテルの顧客市場ニーズが、短・長期的に、一体どのように変化しているのか？　じっくりと分析し直す必要があることだけは確かだ。

21世紀は地球観光の時代！

　日本の旅館・ホテル業界の傾向を大きくとらえるために、調査機関が異なっているので、データのとらえ方や、係数が異なり、抜粋も難しいが、あえて、関連データを掲出してみる。

　「21世紀は地球観光の時代」といわれているように、将来の展望は業界次第で開ける。
　しかも、前述のごとく、地球規模で見ると、WTOは世界の観光客数に関して、2000年現在で7億人、2010年には10億人、2020年には15億6千

万人を見込めると予測している。
　海外からの入国者数は、日本人の出国と比べて、逆ザヤとはいえ、99年には443万人になった。

　少し前(94年)だが、運輸省の緊急調査によると、わが国の国内旅行関連総費用消費額は、約20兆円(ちなみに海外旅行は4.6兆円)規模にあり、国内宿泊旅行市場は、14.9兆円になる。
　関連産業では、交通機関が最大で、宿泊、飲食、入場料、みやげ物、旅行代理店収入などがある。そのうち、宿泊消費は国内関連総消費額の約30%(6兆円)を占めると分析している。

　厚生省生活衛生局の調査では、99年3月、旅館は67,891軒、978,575室である。ホテルは7,944軒、591,300室となっている。全体では、157万室に及ぶ。1軒当り旅館14.4室、ホテル74.4室と比較的小規模宿泊施設が多いことがわかる。

　JTBによると、2000年、国内旅行人口は、1.8%増の3億2,544万人、1人当りの平均消費額は、0.8%減の50,412円にとどまる。

　また、自由時間デザイン協会(旧余暇開発センター)刊『2000年レジャー白書』には、年間総労働時間は37時間短縮され、1,842時間になったが、ゆとりはなく、余暇時間が減った人が増加している、とある。
　さらに、パソコンの参加人口は、2,800万人に増加。その他、外食、ビデオ(DVD含む)観賞、園芸など日常レジャー項目は増加しているが、国内観光旅行、ドライブ、レジャー施設など非日常型レジャーは低調で、余計な出費を避け、余暇を"自分磨き"に活用する意識が強まっている、としている。

　しかし、潜在需要(参加希望率と現在の参加率との差)は、海外旅行が第1位、国内観光旅行が第2位、パソコンは第4位になっていて、国内観光のニーズ自体は決して低くない。

　こうした背景から、レジャー白書による余暇市場全体は、78兆5,650億円(前年1.4%減)。観光・行楽も3.0%減。

そのうちホテルは2.1%減の1兆円、旅館は5.0%減の2兆3,240億円と引き続き減少したが、稼働率は改善に向かっている。

　ペンションは、7.9%減の350億円、会員制リゾートクラブも、2.4%減の2,040億円と落ち込んだ。

　しかし、観光産業全体では、わが国GDPの約4.8%を日本経済に貢献していることになり、個々の規模は地味でも、役割は総じて大きい。

　しかし、国内に目を向ければ、景気動向と現状はともかく、長期的に見た場合でも、少子、高齢化時代を迎え、人口動態は横ばい傾向にある。
　注：2015年にほぼ同じ1億2千6百万人で、以後減少傾向と予測されている。

　人口問題は、著者の守備範囲外の問題なので、専門家にゆだねたいが、この人口現象（特に、少子・高齢化と婚姻人口減少）が将来の市場動向に及ぼしうる影響を考えれば、市場動向に関する諸対策を講じる上で必ず重要な要因の一つとなろう。

　それでは、基点である国内市場の再点検を始めよう。
　現在の国内市場の潜在需要からみれば、国内市場を網羅してマーケティング戦略の成果を充分上げているとはいえない。すなわち、身近なところにも未だ開拓すべき市場が、ふんだんにあることを再認識したい。
　少子高齢化社会が、市場に及ぼす変化がもっとも大きいと思われる。

　高齢者対応はできていますか？
　高齢化が進むのであれば、お金と余裕のある高齢者市場は、リゾート観光地にとっては、願ってもない顧客の増大チャンスだと考えられる。
　大切なことは、バリアーフリーブームだからといって、安易に、設備改善するのではなく、本当に高齢者のニーズに呼応して、的確な設備・料理・サービスなど総合的な改善に取り組むことだ。

　婚姻人口の減少対策はどうだろうか？
　ここ10年間くらいは、目立たないとい思うが、いまだに、婚礼売上・収益

に固執した営業戦略がとられ、チャペルブームと称して、遅ればせながらの改装がなされたりしている。

　なるほど婚礼は、旅館・ホテルの一部門ではある。しかし日本経済研究センターの調べでは、婚姻届け出見込み組数が2000年約76万組、2010年には59万組、2020年には約52万組に減少していくという予測がなされているのも事実だ。

　中長期的にみて、変化するマーケットに的確に対応しうる経営戦略を計画しなければならないのは明らかだ。
　また、仮に、人口が減少しても、あるいはゼロサムでも、リピータ確保と、いわゆる顧客の取り込みが、最重要課題には違いない。
　将来を見越して、スピーディに、効果的な経営戦略を準備・実行していけば、強固な経営基盤の再構築は可能である。

　最も重要なことは、どんなお客様(男女別、年齢別、職業別、収入別など)が、どんな目的で、どんな満足感を望まれているのか、など顧客のニーズを把握することであって、旅館・ホテルサイドの経営事情優先であってはならない。

　とりわけ、利用の目的と形態を細かく分析すれば、極めて多彩になっていることが明らかになる。市場の動向と、社会、環境の変化(情報ネット、交通、生活文化、健康、食生活など)に対応した市場の再構築と多彩なニーズへの対応が最も重要だ。
　そして、顧客ニーズに充分に応え得る、的を射た経営手法、運営技術が備わっているか否かがポイントだ。

　設備(機能)のリノベーション同様、マネジメント・イノベーション(経営改革)に総合的に取り組み、より合理的な近代化をはかっていく必要がある。

　今現在、全体的に厳しい状況が続いているが、将来的には、国内・海外市場をあわせて、大げさだが地球規模でマーケティング戦略を思考していけば、旅館・ホテルの将来は必ず明るくなる。
　問題は、国内市場はともかく、海外市場まで射程圏内とみなして、市場の

変化に対応する、来るべき将来を迎え撃つための明確な戦略が定まっていないということであろう。

後ほど、具体的に述べるが、国際ホテル、シティホテルなどはインバウンドツアーの開拓に以前から取り組み、外人観光ツアーを継続的に開拓しており、大きなシェアを占めつつある。
すでに、海外からのビジネス個人客の取り込み戦争が、世界的に激化している。
外資系国際ホテルチェーンの参入や、これと並行する国内のホテルカード会員の拡充・展開などをみれば、明らかに理解できると思う。

しかし、観光地の旅館・ホテルはどうであろうか。
国内市場が冷めて、利用客が激減したことから、あわてて、インバウンドツアーを開拓したところも多い。
あるいは、未だ、無関心のところも多い。
将来をジックリ研究もしないで、「ウチは、客があるから外人客はイラナイ」とか、「ないからイル」とかのレベルで戦略決定すべきではない。

個々の旅館・ホテルには、それぞれ独自のマーケティング戦略があって当然で、むしろ戦略なくして、海外市場から客を受入れるべきではないことも大事なポイントだ。無造作な受入れで、従来の大切な基盤顧客（固定客）が離れていく危険もあり得る。設備・料理・サービスの経営環境に応じて、確たる戦略が必要だ。

実際のところ、大半の旅館・ホテルは、特に、受入れ体制に問題がある場合もあるだろうが、海外市場に関心があまりないことの方が大きな弱点になっている。あるいは、情報がないといった方が正しいかもしれない。いずれにせよ、総体的には、観光地の旅館・ホテルの現状の打開策と将来的展望を見れば、外人客市場に目を向けるか否かの選択が、今後の戦略を大きく変えていくことはまちがいない。

最近、観光経営新聞が特集を組んでいる「21世紀のインバウンド」にみられるように、すでに、一部の地域、観光地の旅館・ホテルでは東南アジアからのツアーなど、積極的に開拓を始めているところもある。日台観光交流業

務促進研究会の設立や、国際観光旅館連盟による後援など、インバウンド受入れのための実務研修会（2000年5月には台湾有力旅行会社約35社が参加）が催され、小規模ながら、こうした積極的な取り組みがみられるようになった。この際、後援の力を借りて、大いに研究開拓したいものだ。

　しかし、どこから取り組んでも、人、物、金のいずれかの問題に突き当たり、なかなか進捗しないのが現状である。
　まさに21世紀は、知を加えて、経営の四原則を切り開かなければならない。

　新しい、切り口を見つけるために、まず、旅館・ホテルの経営特性など、抜本的に業界の実態をとらえ直し、旅館・ホテル経営者が取り組んでいる経営改革の現状とマーケット動向、その対策など現場の実態を把握したい。

第3章

旅館・ホテル業界の特性

旅館・ホテル業界の特性

業界の構成

　日本観光旅館連盟、国際観光旅館連盟、日本ホテル協会、全日本シティホテル連盟などに加盟している旅館、ホテル、ビジネスホテル、独立系大手ホテルが業界構成の基盤となり、さらに民宿、ペンション、公営施設、国民宿舎、ユースホステル、保養施設、共済組合、オートキャンプ場など多彩な布陣によって業界全体は構成されている。

宿泊業の特性

　宿泊ビジネスは"在庫の効かないリスク"という他産業とは大きく異なる特性を持ち、料理飲食も原材料の性格上、同様の在庫リスクを持つ。収入は設備収容力（キャパシティー）による制約が大きい。そのため、シーズン、オフシーズンなど季節変動という特性により、大手による寡占化も難しい構造になっている。

　いわゆる規模の大小で、一流、二流といった優劣のレッテルを貼ることは困難で、グッドウィル（のれん）やサービスの伝統により顧客一人一人の評価の総体で優良基準は構成されることになる。このように判定が顧客自身によって下されるという点で、もっとも厳しいサービス業といえる。

　見方を変えれば、"一流とは一流の顧客に愛顧される旅館・ホテル"ということもできる。したがって、売上、収益の規模、新旧、大小と旅館・ホテルのランクとが必ずしも一致しないことも特性といえる。

収益構造

　旅館・ホテルの収入は、通常、客室、料飲、宴会の3部門とその他付帯部門から構成されている。現在でも、大型都市ホテルでは、総収入の内訳は宿泊部門から順に、3:3:3:1とほぼ平均的な構成となっている。

　ビジネスホテルでは、宿泊、料飲の2部門で平均的に7:3の構成比で、80年代に建設された都市型志向ビジネスホテルは、宴会部門にも進出して、宿

泊、料飲、宴会部門は5:2:3と、これは中間型のホテルの特徴を表している。それぞれ市場構成の異なる三部門の業態のあり方と再編成が最も大きな課題となっている。

旅館は食事の部屋出し、レストラン、バイキング方式などあるが、基本的に1泊2食付きとなっている。全て宿泊予約ベースに対応して、シーズン・オフの月次、平日、週末変動型収入構造となっている。
あえて宿泊室料売上と料理売上を分比すると、宿泊3.5：料理5.5：その他1の収入構造となっている。

標準的な旅館・ホテルを見ると、客室部門粗利益40%~60%、宴会部門粗利益20~30%、料飲部門粗利益10~20%となっている。この数字を見ても、依然として、客室部門が最重要部門であることに変わりない。

一方、収支コストのバランスから見ると、旅館・ホテルの変動原材料原価は、客室部門5~10%、宴会・料飲部門は各25~35%で、全部門では、18~38%程度を占めており、営業形態、グレード、戦略により、ある程度の幅が生じるといえる。

都市ホテルでは変動比率は前年並みで、限界利益率が高い反面、人件費をはじめとする固定費が大きな構成要素となっており、限界利益が固定費をカバーして利益を確保することが困難な体質を抱えている厳しい現状が浮かび上がる。

これは、バブル期に、高級志向や大型化を急激に推し進めたため、売上の伸びとともに設備投資の増大による償却・金利負担、設備管理コストの増加、サービス充実のための人員増強による人件費の高騰など、都市型ホテルの固定費率を60~70%へと押し上げてしまったためである。

その結果、景気低迷の影響と、ビッグバン、ディスクロージャーなど社会情勢の変化により、法人需要が激減した上、個人消費も冷え込んだために、稼動率の減少、客単価の低下で宿泊・宴会・料飲部門とも、連続的な売上の減少が重なり、93年度以降多数の旅館・ホテルが赤字へ転落したものとみられる。
その後、省エネ、省コスト、特に人的リストラを始めとして、固定費の抜

本的な縮減策、低価格戦略への転換と変動費の縮減などが実施され、全体的な経費削減が徹底されたようであるが、装置産業、労働集約産業が代名詞といわれる本来的な旅館・ホテルの設備とサービス構造及び経営構造にまで変革は及ばず、未だ、安定収益構造に改革すべく、業界努力は続いている。

業種の特徴

　旅館・ホテルは"立地型産業"である。
　端的にいえば、ホテルを建設する立地市場に潜在見込み客が多く存在すれば、その地域交流市場（プラザ機能）と流動中継市場（トランジット機能）の形成によって、ホテルは成立し、長期的に定着できる事業である。
　しかしいい換えれば、その立地から、二つの機能が時代の変化によって移り変われば、同一の立地で同一事業を続けることは困難にもなる。
　いずれにしても、旅館・ホテル経営は、立地条件の影響力が強い超長期(10~20年)的将来展望と立地に対する創造的なマーケティング戦略を必要とする地域一体型事業であるといえる。

　一般的には、ホテルに適した立地は、リゾート地を除けば、他業種の立地としても適した土地であることが多く、事業用地の取得は対異業種との競争でもある。
　しかし、郊外地や観光・自然資源の近接地であれば、特に旅館・ホテルは市場範囲を広げることで、ある程度の需要を喚起できる能力を持っている。その場合、営業形態の構成は、立地条件により具体的にはかなり異なるものの、相当に高度な運営ノウハウと新しい特徴付けがともに必要である。

　一方で、大規模旅館・ホテルの進出には、"労働集約型事業"のため大きな労働力が必要となり、雇用創出等の地域貢献も大きい。しかし、立地によっては月別の稼働率偏差による収入の増減が大きく、季節や時間帯で発生する労働力のロスも大きい。いかに効率良く人材を確保し、且つ人件費や固定費を抑えていくかなどは恒久的な課題である。

投資の特性

　旅館・ホテル業は、"立地産業"とも"労働集約産業"とも、また"装置産業"ともいわれる大きな初期投資が必要な事業である。
　土地、すなわち立地条件は即マーケットを形成するため、都市型とリゾート型とではとらえ方が異なるものの、一般的には好立地を求めると、一般他産業に比べて用地取得費は際だって高額になる例が多い。

　土地投資はリゾート型、都市型により、また、地域間により格差が大きい。
　ほぼ市場規模に比例して割高となり、東京都心のように地価下落傾向といえども、いまだ、一坪1,000万円以上の優良商業地物件から、未開発観光地のように一坪何万円で投資できる物件まで、状況は千差万別である。特に、容積率と地価の関係は大きなポイントであり、可能収用力と市場規模のバランスを考えることが重要である。

　建物・設備は、市場が見込めれば、できるだけ収容力（キャパシティー）が大きい方が収益規模と営業効率が高く、利用客数×客単価＝売上から、客単価の設定には建築・設備グレードが大きな影響力を持つので、高単価を目指すほど建築費もFF&Eも比例して増大していく。

　建物・設備投資は、旅館・ホテルでは、FF&E込みで坪単価60〜200万円と住宅と同じく、グレード選定により幅が広い。参考までに大衆マンションで建築坪単価40〜80万円といったところである。

　基本的には、投下資本回転率と収益還元率の高低など、経営採算の可能性次第で、投資が決断されることになる。旅館・ホテルに対する投資は、土地、建物・設備・FF&E、その他開業費を加えて、多額の資本を必要とする。
　まさに"資本集約型産業"であり、運転資金を含む、資金調達力が開業と成功への重要な鍵となる。また、都市部では、ホテル総事業費に占める土地購入費が全体の60〜80％になる場合もあるという異常現象から、土地を所有していない場合の新規開業は、事業収益性からみてほとんど不可能になっていた。総投資額に占める土地代の金利分だけで、完全に経営を圧迫する。

　今日、土地代が下がってきたとはいえ、大きな再開発や複合事業開発でもない限り、都心での新規ホテル建設は事業として困難になっている。

すでに所有している土地があればまだしも、特に新たな土地の取得費が必要な場合は、償還計画は一般的に20~30年になる。

　かつては、その間に土地の値上がりなどで、膨大な含み益がうまれる妙味があって、ホテルオペレーションは、償却前黒字なら、それでもオーナーには事業メリットがあった。だが、資産デフレではまったく妙味がない。

　また、その土地代が、資産デフレになって、旅館・ホテル業の構造不況の現況になっていることもつけ加えておきたい。

　今後は用地取得方法（取得所有、借地、地権者共同経営による現物出資、地権者直営での運営委託など）により、収益還元計画が大きく変わるので、これからの経営システムは、土地、建物の所有形態とその資金調達法の新しい手法を取り入れ、近代経営に脱皮していかなければならない。

　投資自体は、長期資産保有による減価償却メリットがある反面、販売可能収容力×稼働率×売価により、一定の範囲の売上規模で収益をはかり、資本回転率が他の産業に比べ、きわめて低いところから、資本回収も超長期となる。

　旅館・ホテル業は、開業3年目頃から計画的にリペア、リノベーションと再投資が必要になる。業界全体を見ると償却前黒字だが、常に設備投資と償却負担があるため、償却前利益を計画的に確保しながら、最終利益はトントンか赤字を計上して、まさに、一種のキャッシュフロー重視の経営が行われている場合が多い。

運営の特徴

　ホテル事業で投下資本回転率を上げるには、高い水準の売上と高いGOP率（支払利息・減価償却費等資本費前営業利益　注：ユニフォームシステム・ホテル会計基準のGOPは第7版より用語が削除されているが、現在でも世界的に運営受託契約で活かされている通称GOP）を達成することがいかに重要であるかはいうまでもないが、部門別にはかなり特性の異なる要素がある。宿泊・料飲・宴会部門の関連性は重要だが、どちらかというと異業種の複合体のようなところがある。

　　注：G.O.P=Gross Operating Profit
　　※改訂後、EBITDA=Earning Before, Interest, Tax. Depreciation & Amortization が示されている
　　　ところもあるが、ここでは問題にしない。

客室部門

　客室部門は、営業形態構成のコンセプトにより差異があるが、全営業面積のうち4~7割を占め、客室タイプの編成も旅館では、4~5名定員(24~40㎡)を標準として、和室、和洋折衷室が主体に構成される。最近の国際級ホテルでは、ツイン(24~60㎡)主体で、シングルでも(18~40㎡)が確保され、ベッドサイズはシングルから、セミダブル、ダブル、キングサイズへと、ワイド化されてきた。また、シングルを主体に販売するビジネスタイプのホテルでも旧来の9㎡から、より広い20㎡が標準になりダブルベッドが導入される時代になってきた。

　客室部門は設備投資比率が多大で、償却コストや管理コストも大きいが、旅館・ホテル業の基幹収益部門となっている。なぜなら、設備そのものを時間でシェア販売するため、チェックインからチェックアウトまで24~18時間の間、主にイン・アウトのサービス、客室清掃整備をスタンバイすれば、客室内は設備・機能によるサービスと顧客の要求により生ずるルームサービス等を除き、人的サービスはほとんどフロント機能集約で行えるからである。
　したがって、グレード、客室規模(室数、タイプ)、サービス機能で、販売価格(マーケットレート)が定まり、その販売稼働率50~100%で収入規模が算出されることになる。
　しかも、その稼働率の目標基準は、一般的に立地条件と季節変動要素により形成された市場によって大きな影響力を受ける。

宴会部門

　宴会部門は婚礼・一般宴会・会議・研修・展示会他・イベントパーティー分野など多目的な販売市場がある。
　この分野は、立地条件が形成する周辺の顧客市場のみならず、大規模コンベンションのように、国内全域、または海外市場からの集客が可能である。このことで、法人需要の激減による一般宴会の低迷を横目に、宴会場は大規模化し、政令都市では同時収用力が1,000名以上(800㎡)になり、首都圏では、3,000名(2,300㎡)以上の規模を実現している。

　このスペースとタイムシェアを多目的に販売できる宴会部門は、イベント等企画力によって需要を喚起できる大きな可能性を占める部門である。従来

の一般宴会市場の構造不況から脱皮できず、未だ低迷している旅館・ホテルも多い。宴会場稼動の激減に合わせた縮小均衡が行われて、調理場やサービススタッフのリストラや、人件費の変動費化が大きな課題となっている。

　料理を主体にしたワンパターンの宴会パックなどを見直し、顧客の多彩な利用目的を創造できるような斬新な集客企画を打ち出して、特に交通機関のネットワークの変化と絡めて、高速交通時代の集客マーケットへ、もっと広範囲の市場に目を向け直す必要がある。そして、それに合わせたサービス装備の再編成が必要になっている。

料飲部門
　依然として食のニーズは高く、料飲部門では品質の高い料理やサービスを提供するため、訓練を要する高い技術、多くの人員、比較的高額の人件費が必要であり、そのグレードと客単価は一流旅館・ホテルであればある程高く、グレードに比例して営業コストも高くなる。昨今、特に利用客数が激減したことから、高額単価のレストランでは、客単価を下げて応戦しているところもみられるが、損益分岐点の見極めが最も難しい部門である。

　レストランは宴会部門のように完全予約制とはいかず、一般的には、営業日時の来店客数偏差が大きく、ある程度は見込みで、料理材料の仕入れ、仕込み、人員配置をしなければならないため材料ロスや労働力ロスが大きい。特に来客数が低迷している近年は賃金高騰と合わせて人件費率が究極の課題となり、ほとんどの料飲部門が収益低迷している。

　優良店も当然あるが、今やファーストフードや外食産業大手などの徹底した合理化・近代化など見習うべきところも多い。

　最近は中堅ホテルやビジネスホテルではレストラン部門を完全にアウトソーシングしているところも増加している。
　あるいは、ビジネスホテルでは宿泊客の朝食のみ提供して、合理化しているところも多い。

　料飲部門では、特に、職人的プロによる料理技術・サービスと、いわゆる

家庭的料理・サービス(主人、奥さん自らの料理ともてなしで、決してサラリーマン集団では及ばない領域)が喜ばれることもあり、経営存続のためのハードルは高いが、多彩な選択肢があり、個々の旅館・ホテルの体質に合わせた経営判断が求められている。

第4章

ゼロサム環境下の"ホスピタリティ"は危急存亡！

ゼロサム環境下の"ホスピタリティ"は危急存亡！

　世界的に"ゼロサム経済社会"が唱えられて久しい。
　市場の拡大の停止が、キャパシティー（収容力）ビジネスに、需給のバランスの崩壊をもたらし、大きな構造不況の要因になる。

　高度成長経済の崩壊とビッグバンを経験して、全国的に長期不況が続く中、2000年、84兆98百億円の先送り国債の増発と過去の清算のための復興経済予算が施行されても一向に景気回復のきざしがない。
　預金保有高こそ世界のトップレベルであるが、特に個人消費やレジャー消費はどうも思うように伸びない。

　一部IT情報などハイテク産業が好調であるため、あたかも、景気回復の手ごたえがあるようにみえるが、さらにマイナス成長のきざしすら続いている。
　もし効果が現れても、今後は成長率（回復率といった方が正しい認識かもしれない）が0.5~1.0%の時代であり、当にゼロサム（プラス・マイナスゼロ）に等しいのが現実である。

　旅館・ホテル業界も、まさにゼロサム・ビジネスの戦場下にある。
　むしろ旅館・ホテル業界は、経済構造的にはデフレ環境下にあり、事業の本質的な存続基盤すら失いかねないのが状況ではないだろうか。

　旅館・ホテルにとって、売上目標の達成が優先課題の一つであることはいうまでもない。
　しかし、諸情勢から周知のとおり、なかなか売上増加は見込めない。
　そこで、収益バランスを確保するため、種々のリストラ策に取り組んできた。その結果、大幅な人員削減も余儀なくされた。

　本来、経営の成長や発展は均衡論的に図れるものではない。
　成長や発展、あるいは停滞、衰退を通じてさえも、常に次の時代の構造変革（リストラクチャリング）が進行しているともいえよう。
　それが、歴史的に繰り返されるリストラ（本来のリストラクチャリング）の

重要な役割であるはずだ。

　しかし、現実には、わが国のリストラの実体とはスクラップ＆ビルドといわれた戦争と復興経済にも似た、人を犠牲にした生き残り戦略である。
　本来、リストラとは再構築の意味であるが、日本では人員整理、首切りの代名詞になっている。

　旅館・ホテル業界は、高度成長期には長期にわたり順調であったところから、一流大手企業の雇用条件を目標にしたイイ意味での待遇改善に取り組んできた。
　サービス改善と称して、利用客数が増加する度に、従業員は増加し、人件費は高騰していった。

　しかし、バブル崩壊以後、収益悪化に陥った結果、収支バランスの施策としてもっとも効果的であったのは、重装備な建物、設備の維持管理費や、営業原価の削減とともに、結局、人件費の削減がリストラの重点施策であるという皮肉な事実は、弁解のしようがない。
　それは旅館・ホテル業界の成長期に近代化と経営改革を推進することなく、人的サービスを名分に旧来の労働集約型強化にのみ固執した結果に他ならない。

　また、人員削減を軸にして、リストラに成功した結果、収益確保ができた旅館・ホテルは、利用客数の増加とともに、再び、せっかく削減した人員を、補強せざるを得ず、特に、若年労働力を新しく採用し直しているのが実態だ。

リストラで、サービスの心が冷めたか！

　運営のシステムと人材雇用のあり方に、もともと問題があったことは認めざるを得ない。

　特に、中高年労働者の雇用体系においては、大きな端境期にあり、各産業

とも、抜本的な雇用改革問題に取り組んでいる。

　旅館・ホテル業界には、もともと雇用体系が確立されていない中小企業もあるが、概して特殊な労働環境であるがゆえに、基本的な整備こそなされてはいても、必要に応じて改善されてきたとはいい難い。

　人員削減により、再生した企業は、若年労働者を契約社員にして再雇用（要員回復）をはかっている。とはいえ、運営システムを抜本的に改革することなく、低賃金による、雇用人件費の変動費化をはかっているのが現状だ。それでは、若い、優れたホテルマンは育たない。
　しかも、人員リストラを経営再建の手段に選んだことは、多くの人材を失ったばかりでなく、サービスにたずさわる従業員の心まで冷めた状態に陥れた。この罪は大きい。

ホスピタリティは危機にある？
ウエーター＆クッキングロボ誕生！

　他産業と違って、特に「ホスピタリティ」というサービスを商品化したのが旅館・ホテル産業である。しかも旅館・ホテル産業は"機械化ではとうてい不可能な人の誠心のサービスを基盤"にして、社会に貢献してきた。
　旅館・ホテル産業はホスピタリティの原点を総合的、かつ抜本的に見直さないと、産業の生命基盤を失いかねない危機にあることも事実である。

　このままで行くと、21世紀にはハイテク産業の占領下に置かれ、やがてロボットに職場の大半を奪われてしまうことも、もはや冗談ではすまされない。事実、ホテルメッツ溝口に、世界初！　ウエーターロボが現れた。
　しかも、顔の表情も笑顔など8種類の感情表現があるそうだ。
　とりあえず、メニューと水を運ぶ程度から実験的に採用されたが、開発費も一体1千万円程度で完成したそうで、2体目から数分の1の費用でできるそうだ。一人当りの年間人件費でロボット1体が造れるというのだ。
　単なる運び屋のウエーターなら、ロボットの方が安くて、正確なサービス

ができるようになるかもしれない。

　調理場でも、ご飯炊き、おにぎり、にぎりすしなど、単一品については、すでにロボット工場化されつつある。

　最近、アメリカでは、ハンバーガーショップで、ついに、クッキングロボットが登場した。

　第7回レストラン・フード・サービスショーに出展されたもので、開発はアキュテンプ社（本社インデアナ州、ニューヘイブン）。1時間に約300個を鉄板の上でフライ返しを行い、あらかじめ、円形にカットされたひき肉を一度に9枚、鉄板上に等間隔に並べ、塩とコショウを一振り、片面が焼ける間に、もう一枚の鉄板にホットケーキの生地を流していく。肉の焼け具合によって、自動的に用途に応じて、自分で腕を取り替えて、肉を鉄板の上でひっくり返す。価格は1台15万ドル（約1,600万円）で正確に、コックさんの代わりをするそうだ。

　この話は、'WEDGE WORLD NEWS' 2000年6月号で見たばかりで、試食していないが、恐らく、実用化され、コストもコックさん1人の年間人件費くらいで買えるようになるだろう。

　このように、旅館・ホテル・レストラン（厨房含む）では、人の技に築かれてきたサービスの分野に、ハイテクによる技術開発が大きく進もうとしている。

自らのホスピタリティ改革は遅れていませんか

　ホスピタリティ改革の遅れに関して、最大の懸念は、いまだ、この仕事（特に料理・サービス）は絶対にロボットでは出来ないと、業界で働く多くの人が古い職人気質を固持していることである。

　もちろん、高貴な職人気質には簡単にロボット化出来ない魅力もあるわけだが、反面、上述のような現実から、パターン化した単純作業であれば機械化は容易であることが分かる。

　この段階でも、「まだ、料理は絶対に無理だよ」と、胸を張って豪語してい

る方々！　見直しを願いたい。
　パターン化した料理は、できるだけ機械に任せる一方、決して機械にはできない心のこもった料理こそ腕の見せ所ではなかろうかということを。

　コンピュータでは簡単にシミュレートできそうにない「心」という能力の蘇生が急務である。どちらの進化？　が加速しているかを考えれば、誰にもある種の危機感が生じるはずだ。

「ホスピタリティの心」こそ、21世紀の創生の命！

　21世紀の旅館・ホテル業界の将来のため、もう一度、原点に戻って考えてみると、最も大切な「ホスピタリティの心」を失いかけている傾向こそ最大の危惧すべきことである。

　高度成長期を経て、あまりにも長期間にわたって順調すぎた業界環境の中、旅館・ホテルは発展的な企業化、大規模化とともに、いわゆる副業開発に熱心なあまり、本業をおろそかにしたこともある。
　一方、従業員は、労働環境の改善に甘んじて、いわゆるサラリーマン化したことなどが「心」喪失の大きな理由に挙げることができる。

　ホテルオークラの橋本顧問（元副社長、ホテル業界の実践的リーダーで「サービスの極意」に関する、数多くの著書あり）も、「21世紀は心と知の時代！」を大きな業界のテーマに取り上げており、業界の心ある有志は皆、同感である。
　「旅人を懇ろ(ねんごろ)にもてなせ」あるいは「一期一会」のたとえに象徴される「心をこめたサービスのあり方」を、すなわち、ホスピタリティ産業の本質的なポリシーの再構築を、経営を通じて再点検し、業界挙げて取り組む必要があるのではないだろうか。
　「ほんの小さな気くばりが、もてなしの原点」である。
　一般には、「ほんの、気持ですが…、よろしかったらどうぞ！」という気くばりだ。

明確な経営戦略の基盤ホスピタリティは育つ。

　我々が取り組む、ホスピタリティ産業の戦略的な革新・変革は、その成果がどの程度の革新を生み出すか、社会市場の支持を生み出すか、それによって21世紀初頭の成長がゼロサムか、勝ち組か、あるいは淘汰か、評価が分かれることになる。

1. これからの市場や業界を大きくとらえて、大きな戦略で闘う企業になるか。
2. 市場を大きくとらえて、小さくても的確にニーズ（ニーズの絞込み）に応え、必要な業界機能の一部として生き残る企業になるか。
3. 新風をまき起こして、業界の話題をさらうような新しい企業に生まれ変わるか。
4. 戦略などといわず、自分自身の器量と信念のみを貫き、将来の結果は神に委ねるか。

　これらの方針は、経営者各々が選択すべき重要なポイントである。しかし、これからはいい意味での競争とともに、ホスピタリティの心をテーマにした業界一体となった活性化政策や、更に地域一体化した活性化戦略等によって経営基盤の再整備を図り、優秀な人材が働きやすい労働環境を構築することも必要である。

　先行する先端産業なども、積極的に参考にしながら、諸問題に取り組むことも大事だ。

第5章

厳しい経営環境下での企業変革と施策

厳しい経営環境下での企業変革と施策

　93年以来、利用客数や客単価の減少が著しく、いまだ売上低迷に苦戦する旅館・ホテル業界は、本来的に、装置産業、強いては償却産業といわれ、経営上の重荷を背負っているが、償却負担の大きい旅館・ホテルの損益は、大半が経常利益の赤字を計上しているのが現状だ。

　大きな償却負担と金利負担の特性から、もともと創業数年は健全な赤字といえるところもあったが、最近では、償却前赤字が3割近くになっている。
　かつては、いわゆる日銭商売のメリットであるキャシュフローの好循環で、それなりに経営を維持してきたところもあった。しかし今や、支援金融機関のバックボーンが大きく変化する時代となり、経営管理手法とともに、本格的な財務構造の再建を健全化・近代化しなければ生き残っていけない時代になった。

　現状、旅館・ホテルの現場は、次のような真剣な課題と対策に取り組んでいる。

主な経営の強化策　（現状の弱点との相対関係にある）
 1. 営業企画力と販売力の強化
 2. 直接・間接コストの削減
 3. 商品企画力と製造力の強化
 4. 収益性の改善と収益力の強化
 5. 運営システムの改善
 6. 財務体質の強化と資金調達力
 7. 人材開発と育成強化
 8. 設備改善と投資効率
 9. 労働時間の短縮と生産性向上
 10. その他（業務改革・改善）

　以上の強化策に取り組む業界の現状を見れば、バブル崩壊後のデフレ不況下では、総じて、販売力強化を最優先するも、なかなか思うように売上が伸

びず、「入りを計って、出るを制す」と古くからの経営哲学を実践してきた現実がはっきりと読み取れる。

売上の減少に合わせて、コスト削減に取り組んできたものの、何年もの連続的な売上激減に対し、コスト削減が追いつかないことと、旧来の運営システムを固持しながらのコスト削減策では限度があり、安定収益の回復はいまだ厳しいというのが実情である。

多少再投資（資金）をともなっても、抜本的な運営の改善や、経営改革に取り組もうとしている様子もみられるが、せめて雇用人件費を確保することを最優先に、金融市場の事情も絡めた運転資金の調達が最も大きな課題になっている姿が想像できる。

しかし、人、物、金の三原則は、循環理論でもあり、人（人材）ができる手段（知恵・労力など）を第一ステップとすれば、その人材の強化が最も重視される時代となっている。

また、公開可能な経営データ管理・財務管理能力なども対金融機関あるいは、株主対策として、従来に増して、重視される時代になった。

販売対策
1. 直販セールスの強化
2. 新しい情報通信の活用（特にインターネットなど）
3. ＤＭなど直販媒体の強化
4. パブリシティーの有効利用
5. 旅行代理店の関係強化（積極的な企画商品参画と提携販売）
6. マスコミ媒体の広告宣伝強化
7. 総合案内所の提携など

厳しい経営環境下であれば、やはり営業力の革新と強化が第一の課題である。今や、リゾートは旅行代理店頼みだった販売ネットワークを直販セールスによって強化するほか、インターネットなど新しい通信手段の活用、マスメディア対策、ＤＭなど、積極的に取り組み、特に顧客に、よりダイレクト

なネットワークを構築すべき時代である。

設備改善と消費者ニーズ
1. ブーム化した露天風呂の新設・増設(拡張敷地の買収含む)
2. 個室カラオケルーム設置(従来の大宴会場や、顧客混成のカラオケバーの時代から、個室カラオケの時代)
3. 料亭街(食事処)などの新設(部屋出しの合理化と、日帰り対策、料理メニューの多様化)
4. 和・洋室への改造・増設(外人客のみならず、いまや一般家庭でも子供までベッドで育つ時代)
5. 宴会場(会議室)の改装・増設　(宴会場の利用目的の多様化による設備・機能改善)
6. 客室改善(内装、家具、空調、照明、TV、電話器、ワードローブ、非常用設備、寝具など)
7. 客室バスルームの改善(冷たいユニットバスを木質系で暖かく、特に便器取り替え)
8. 調理場の改善(調理設備の改装、レイアウトの変更、調理器の自動化、真空調理システム、冷蔵・温蔵庫システムなど改造)
9. 従業員設備　(雇用対策と福利厚生の対応で、従業員設備の充実)
10. 貸し切り・家族風呂の新設(家族客の台頭で、貸し切り希望が増え、個室カラオケと同じような傾向も一部あり、検討中も多い)

現在、リゾートの旅館・ホテルは露天風呂投資が一巡したといえる。小グループ化に伴って、客室での滞在時間が長くなった。したがって、ゆったり過ごしてもらうためのゆとりある客室造り、家族風呂、個室露天風呂などやバス・トイレの改善が重要な関心事となる。

従来、消費者ニーズから見た改善に追われてきたが、これからは、更なるコンピュータ化やシステム改善による業務の合理化、IT対応サービスの改善などマルチメディア対策や、バリアフリー対策、環境保全(塵・生ゴミ処理、緑地保護など)やISO対策、特にバック部門の経営システム、サービスシステムの設備改善など、抜本的な経営効率(収益性)の改善が必要だ。

長期的なリノベーション計画を確立して、よりリーズナブルに、より優れ

た商品を提供し、より一層満足してもらえるよう、つまり顧客のニーズに本質的な次元で対応できるようにしなければならない。

経営体制の強化
  1. 経営・サービスシステムの改善
  2. 人事・雇用制度の見直し
  3. 組織の改革と人員配置の見直し
  4. 新しい人材の登用
  5. その他

　経営の重点は主として設備・料理に置かれがちだが、人材開発こそ最も遅れている分野である。特に、リゾートでみられるように、人材不足による人材開発、教育、育成といった長期的な対策が困難なことも拍車をかけている。

　当面、総合教育を兼ね一人三役（マルチジョブ）体制は必要だ。敢えて苦言を呈すれば、個人・同族経営、世襲や徒弟制度で育成されてきた旅館・ホテルが多く、ある意味では長所でありながら、従業員の将来が開かれていないために、本来の人材開発には限界がある。

　サービスの質を維持し、いや、むしろ質を高めながら、人件費の縮減もしなければならないという一見矛盾した人材の強化と人件費問題は大きな研究課題である。
　雇用改革と人材開発は、むしろ未来を開く最重要施策かもしれない。

コスト削減策
  1. 設備等維持管理経費の見直し
  2. 仕入れ方法の変更、改善
  3. 外注業務の見直し
  4. 人件費の削減（正社員の削減と契約社員化、パート化）
  5. 販売部門経費の見直し（営業所の縮小、廃止なども含む）
  6. バック部門の見直し（事務所の縮小と合理化）

　現状では、運営システムの抜本的な改革に取り組むところまで進まず、大きな数値が期待できる部門のコスト削減を優先して実行し、その成果に期待

したところが大半である。

　もともと、従来のサービス構造に基づいて組み立てられたコスト構造が基本にある。設備、料理の物に対するコスト削減を優先にして、特に、3.4.5.6.の各部門では、見直しとはいえ、人件費の削減と称して人員の削減と給与カットを優先したきらいがある。

　人的サービスと後方支援体制の現状を分析し、革新的な運営システムを検討する姿勢が意外に手薄なことが残念だ。

　全館・全部門の構造改革には、抜本的に取り組まなければならない。

第6章

創生の役割は、ますます大きい！

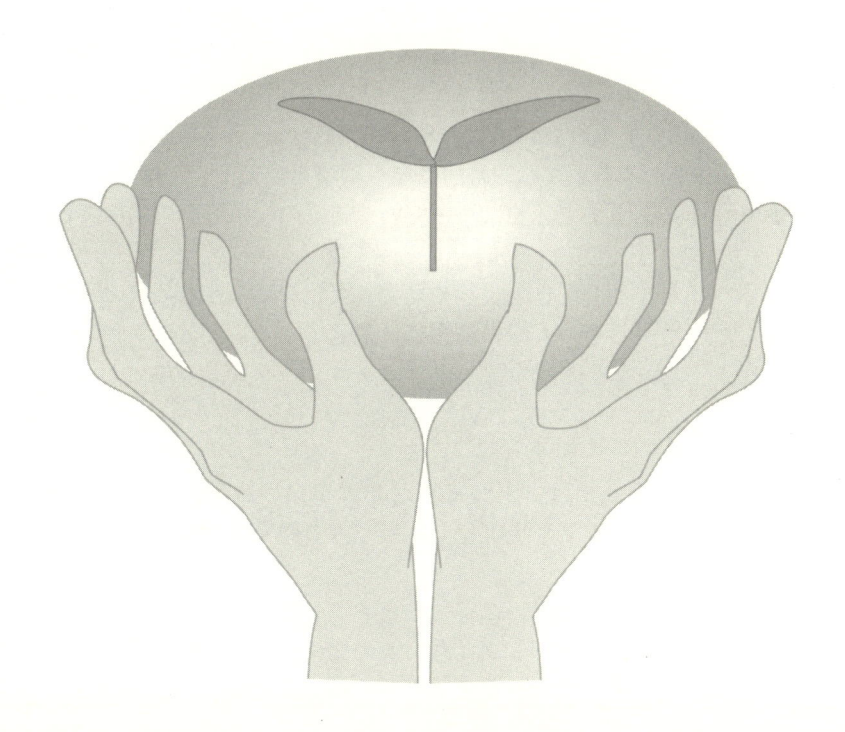

創生の役割は、ますます大きい

　これまで見てきた現状から、旅館・ホテル業界がいかに厳しい経営環境下におかれ、いかに課題、難題が多いかがよくわかる。
　しかし、それでも、人々(顧客)は将来も、旅館・ホテルを今まで以上に必要としている。

　時代は変わっても、どのように社会環境が変化しても、人々の生活にとって、レジャー(余暇活動)は、衣食住と連動した生活サイクルの中で欠かすことなく営まれ、衣食住が物質的生活基盤であるならば、教育やレジャーは心身の健康をテーマにした必須の精神的生活基盤であるといえる。

　レジャーは、国により、社会集団により、家庭により、職業により、人、個人によって、さまざまな形態で営まれる。
　レジャーの中でも、旅館・ホテルに泊まる、利用するという行動は経済的要素と、余暇(休日)の関係から、なかなか、頻繁に行えるものではない。しかし生活のサイクルの中で計画的にヤリクリしても欠かせないレジャーであることは必定である。

　特にリゾート・観光地(温泉地)は、人々が、都会の雑踏や現代社会のストレスから逃れ、住まいを離れて、一時的にでも環境を換える、いわゆる"気分転換"であり、今後ますます必要になっていく絶好の「癒し」の場所である。

　リゾートライフを通じて、大自然や歴史、文化などに触れることができるその「癒し」の場所こそ、人間(イノチ)の洗濯には最適である。同時に、家族や親しい友人、恋人、大切な仲間との憩いやコミュニケーションの場としての役割も大きい。

　一方、ビジネス社会では、かつて官庁や大企業の組織社会においてペーパー・コミュニケーションが現実化し、人と人との交流が疎遠になったこともある。
　殺伐とした現代企業社会は、ご存知のとおり、皮肉にもコンピュータ社会によって、近い将来ペーパーレス時代になるという人もいる。

今や、便利さを加速するマルチメディアやIT時代の到来によって、外部との営業ですら、人と人とが出会うことなく、しかも24時間、世界中で、簡単に電子商取引(E・コマース)が行われ、さらに取引後も一度も会うことがないという、そこだけ見れば末恐ろしい現実が生まれようとしている。

しかしながら、人々にとって大切なのはマルチメディアがもたらすデジタルデータ(画像テータを含む)のみではない。それ故に、ますます"FACE TO FACE"を求められる時代となったわけで、その場所を提供できる都市型コミュニティーホテルの役割もますます重要になっていく。

以上の本質的な「癒し」に求められるマーケットニーズに絞って結論づけるならば、旅館・ホテル業は、一般企業にみられるように大規模であることのみが有利であるとはいえず、小規模、いや個人企業であっても、その強みを発揮して、取り組める可能性の高い事業であるといえる。

可能性あるがゆえに、抜本的な課題であるホスピタリティ(心のサービス)の追求とイノベーション(改革)による経営手法の近代化を融合させることで、旅館・ホテル業界を創生させる意義は大きい。

経営インフラの改革チャレンジ!

21世紀は地球観光の時代を迎える。
旅館・ホテル経営は低成長を前提としたサービス競争の時代！
そのサービスと経営システムなど、変化に即応した経営インフラの大改革こそ、21世紀への究極のチャレンジ！

グローバルに構築されるインターネットなどの情報ネットワーク革命は、格好の経営インフラの改革基盤となり、市場動向、競争背景などビジネスに必要な情報は瞬時にしてもたらされるようになった。

また、従来の縦型社会の硬直性を縦横無尽に変革して、集団組織から個々

組織への再編成を容易にするばかりではなく、大手金融機関の再編成にみられるような企業間の合併、統廃合も欧米並みに推進されるようになる。

　旅館・ホテル業界もまさにスパイダース・ウエブ(くもの巣型)ネットワークのごとく結ばれ、業界の再編成(ホテル経営母体の合併、グループ化、統廃合、提携等)が推進され、各々の経営母体は再編成によって、経営基盤の強化と安定化を図るという時代が来る。

　さらに、個々の旅館・ホテルは立地、利用目的、顧客ニーズの多様化に対応して、個性的な商品化を図り、優れた特徴やサービスを充実したアウトレットを地域単位で整備していく時代になる。

　そのような展望から、21世紀に、あらたに繁栄する旅館・ホテル業界の企業像が見えてくることになる。

　一方、IT時代の到来によるマルチメディア化とロボット化する社会機能の急激な変化が、「人と人、人と自然との共生」を益々重視させることになるのはいうまでもない。まさに「旅人への安らぎ、くつろぎのもてなし」のみならず、さまざまなサービスを通じて「人と人との交流の場」を提供できる旅館・ホテルの本来の機能に、時代の要請はますます高まることになる。

　大きくとらえれば、21世紀こそ、「真のホスピタリティ」を基盤とする旅館・ホテル業界の社会的使命は大きい。
　経営構造改革を成し遂げ、変化するニーズへ的確な対応ができれば、21世紀の旅館・ホテル業界は、さらなる地球的規模の発展が期待される産業である。

積極的な業務提携の時代!

　2000年ミレニアムから21世紀の今日、金融ビッグバンに始まり、金融機関ばかりでなく、基幹産業の自動車、石油産業から、先端産業ともいえるIT情報・ハイテク産業ですら、世界的に合併、提携、統廃合が空前のスケールで実現されている姿を、旅館・ホテル業界はどのようにとらえているだろうか。

　戦後の経済復興と発展を遂げた金融、鉄鋼、造船業界、自動車業界、家電業界、化学・薬品、ロケット科学、繊維・ファッションはもちろんのこと、現在最も隆盛といわれるコンピュータ業界、新たに通信・IT業界、特に携帯電話業界など、数えあげたら限りがないくらい世界的に技術・資本の提携や合併が進められている。

　旅館・ホテル業界には、この状況をただ対岸の出来事として見ているむきもなきにしもあらずだ。

　経営システムや資本提携については後ほど述べることにして、ここでは、まず、業界で取り組むことができる技術提携や販売提携の可能性を探ってみよう。

　意外なほど身近にブレークスルー(突破口)があることに気が付く。
　旅館・ホテル業界も、「IT産業革命による急変の時代」に取り残されることはない。

　先に触れた他産業の積極的な研究・技術開発手法と、必然的な技術提携促進とは全く別次元の側面を持っていることも承知しておきたい。

　要するに、名物饅頭のように商標登録で保護されてはいても、製法(技術)それ自体が特許で保護されているものはほとんど皆無で、いわば、誰でも好き勝手に、名前(商標)を変え、ほんの少しだけ製法または意匠などを改良するだけで、同じような饅頭を作り売ることが出来るのがサービス業の世界と

いうことだ。

　旅館・ホテル名が会社名と同様に、商号登記によって守られている点以外は、全国にわたると、旅館・ホテル名の保護は法律的に無防備なことも分かる。

　料理レシピにもサービス技術にも特許やサービスマーク制度などの評価規準はない。
　前述のお菓子などの外販食品販売では商標登録なるものがあるが、レストランで出されるメニュー(あるいはメニュー名など)には明確な権利の保護がない。

　また、一部協会などが中心になって、従業員サービス技術の奨励のため、日本ホテル・レストランサービス技能検定や、FB (料理・飲み物類)も各団体主催の料理コンテストやカクテルコンテスト、ソムリエコンテストなど幅広く推進しているが、これらはあくまで個人資格である。

　また特定の旅館・ホテル関連団体、旅行代理店が、マスコミ(TV・雑誌など)で旅館・ホテルランキングなどと称する評価・認知を受けることがあるが、特許や固有技術のような明確な価値評価ではない。
　いわゆる無形のサービスを、有形にした「のれん」(Goodwill)という価値観は、いまだ具体的に経済的評価をされにくいということだ。

　最近推進されている国際標準化機構の品質保証の国際規格ISO9001、ISO14001などは、第三者の認定によって、"サービスが整っている、優れている"との評価を得ることになって、将来、それを取得している旅館・ホテルの「のれん」を評価する規準(経済価値)になるかもしれない。

　したがって、先に述べた他産業では、技術が特許で守られているため、他社の技術特許を買って対応することが避けられないケースや、自社技術と他社技術を組み合わせただけで、新しい商品開発ができるケースなど、必然的に技術提携や資本提携が縦横無尽に推進されることになる。

　例えばパソコンの世界では、半導体のIntelプロセッサやOSではMicrosoft Windowsなど、ほとんどのメーカーが重複して、提携技術導入を行い、パソコンを商品化する。

第6章　創生の役割は、ますます大きい

　個々のメーカーは、さらにオリジナルソフトを加えて、それぞれハード機能やデザインなどでは、個性的商品の開発を競っている。

　アウトドアギアで見れば、ゴアテックスは防水・防風・防寒素材として、高水準の世界的特許を有するため、防水ウエアについては、ほとんどのメーカーが商品化を図る上でその素材を活用することになる。
　そして、機能性、デザイン性などで、各社が独自に商品開発と販売を競うことは日常茶飯事である。

　考えてみれば、旅館・ホテルにおいて、同業他社のブランド表示をした提携販売などの例は見かけたことがない。なぜだろうか。
　逆に、旅館・ホテルの設備・料理・サービスはすべて自社商品でなければならないのか。

　今のところ、目に付くのは、設備でいえば電機製品（こだわるホテルではわざわざ特需TVを購入しブランド名を見えないようにしたものもある）、飲み物類（各メーカーブランドをそのままビンごとのサービスもあれば、グラスに注ぎかえて無印サービスもある）、あとは、おみやげ物売店の商品などであり、総じて、大規模あるいは、高級ホテルほど自社ブランドの開発を意識しているように思える。

　自社ブランドの開発メリットも大きいが、優れた商品として通用しないブランドでは何もならない。ただ、宿泊した旅館・ホテルの記念にと、買ってみたものの、贈り物として喜ばれないなら、名のある他社ブランドでも、喜ばれる物がイイに決まっている。

　また、料理・サービスなども同じだ。
　料理人や素材仕入環境、設備機能など、いろいろな条件から、美味しい料理が供給できないならば、優れた技術のあるところから技術指導を受けたり、提携したりと方法はある。
　一方、秘境の一軒宿などの場合、素材や技術的制約が大きいとしても、「癒しのもてなし」の方が制約を上回る魅力となることもある。
　優れた技術といっても、旅館・ホテル個々のポリシーによって、千差万別

55

にあることも記しておく。

　サミットを受け入れた沖縄のホテルは、国賓級サービスの経験不足から、外務省の要請によって、ホテルオークラなどの技術指導を受け、料理から接遇サービスまで、受け入れ方全般に万全を期した。これで良いではないか。
　たとえ外務省の要請がなくても、旅館・ホテルが、自主的に優れた技術交流を行うならば、もっと、新しい市場が開けるといえないだろうか。

　また、下呂温泉「水明館」は、ISO（国際標準化機構）の品質保証の国際規格9001を都市型ホテルとして世界で初めて認証されたホテルオークラと取得支援提携を結び、品質の向上を目指している。
　提携料（技術指導料）を支払っても、スピーディーに、合理的に、さらに、上のレベルを目指した訓練と整備が可能になる。

　このような例は、まだ少ないが、単に自主努力するだけが全ての方法ではないことだけは確かだ。大いに、参考にすべきだ。

　伝統的に、日本の旅館・ホテルは他人の力を借りることを「恥」としてきた風習がないだろうか。率直に経営を考えるなら、欧米のようにホンネもタテマエもなく、良いものは他人のものでもどんどん取り入れたいものだ。それも、黙ってマネルのではなく、堂々と技術指導を得るとか、業務提携によって、優れた技術を導入するなど、合理的、かつ、ビジネスライクにできるよう脱皮していかなければならない。コソクにタダで技術を貰おうなど中途半端にムシの良いことを考える時代ではない。

　前述の他産業の手法と仕組みを、旅館・ホテル業界の問題に即した形で取り上げてみる。

　優良旅館・ホテルが持っている優れたノウハウを導入したいと思う場合には、提携などで積極的に技術指導を受けるとよいだろう。
　そうすることは、技術提携で多くのメリットが生み出される契機となる。
　ただし、その基本的な技術導入の後、さらに個々の旅館・ホテルのビジネス環境に合わせた個性化を図ることが前提であり、基本を軸にした改良・育

成を継続することが大切である。

　現在すでに、都市ホテルではレストランの料理分野、サービス分野ではテナント出店や運営受託方式、請負外注方式（アウトソーシング）といった提携の一形態が部分的に普及しはじめている。
　一般的にレストラン部門の経営力が乏しいビジネスホテルは、レストラン部門の厨房を外部に委託したり、レストラン部門をそっくり運営委託やテナント化する例も増加してきた。

　余談だが、かたや、R&B（ワシントングループの商号）と称して、宿泊と簡単な朝食だけに絞り、レストランを廃止する傾向にあるのも時代のすう勢だ。
　ここでは触れないが、レストランに限らず付加価値サービスを取り除いていくと、将来、「安いだけがトリエ」のホテルとなる可能性がある。設備の老朽化とともに、商品価値は比例して低下していく宿命にある。いかに経営の合理化とはいえ、それだけでは、長期的に見て成長の限界を狭めることになると考えられる。

　現在の提携関係の実態を例にとってみると、大手ホテル（ホテルオークラ、帝国ホテル、ニューオータニや、ワシントンホテル、サンルートホテルチェーンなど）の先行主導で、運営受託、フランチャイズ、人材派遣、技術指導、送客提携など単独や、フレンドシップやリファーラルチェーンのような提携形態になりつつあるというのが実態で、どちらかというと、大手有力ホテル側の事情による先行主導型が多く、受手側が未熟なこともありその形態効果があまり活かされていない。

　もっと積極的に、お互いに旅館・ホテルの持てるノウハウの技術提携がなされてもよいのではないか。

　人材がいない、能力がないと嘆く前に、一定期間業務提携料を払ってでも、質の高い技術力を吸収し、人材を育て、多彩・強力な営業体制を確立することができれば、すぐ元は取れるのではないだろうか。

資本提携、M&A！　業界の再編成と強化

　今後、日本の旅館・ホテル業界も、欧米のホテル業界や他産業と同じように技術・資本提携のみならず、M&A（買収・合併）さえも日常茶飯事になるかも知れない。

　資本と経営が欧米のように分離されていると、この問題は、明確に説明できる。
　資本と経営が一体の個人企業では、業績の良い時はイイが、悪くなった時は経営会社も運営会社も区別なく、ともに崩壊する。
　もし、資本と経営が分離されていると、仮に、経営会社（一般的には土地・建物所有者）が、都合により、第三者に物件を譲渡する場合でも、運営会社が持つ「のれん」と従業員は、そのまま存続できる可能性が高い。

　しかも、あくまで経営会社は、純粋に客観的立場で、運営会社を選択できるので、より優れた運営と収益性を追求しやすくなるのである。
　また、大きなリスクを持つ経営会社は、運営会社にも出資させ、連帯責任を深めているというのが現状だ。
　最近はオーナーとオペレーターの間に、かなり歩み寄りがあるものの、提携はあくまで共存共栄の経済原理で成り立つことに変りない。

　一方的にメリットを外部から吸収したいならば、資本力をもって、優れた旅館・ホテルの買収や吸収合併しかない。
　逆に、力不足なら、力のある旅館・ホテルと資本提携なり、合併などして、経営強化を図ることができる。
　何としても、倒産は避けなければならない。しかも元気なうちに手を打つことも大事だ。

　これらの新たな経営手法の研究はこれからの大きな課題である。事業拡大の経営手法としても近代経営のためにも不可避の研究テーマであることは確かである。

　旅館・ホテル業界において、資本提携による経営体質強化はもっとも研究

されなければならない問題だ。現実的な研究テーマである。

　残念ながら資本提携による経営体質強化は、旅館・ホテル業界ではバブル崩壊後、何軒か銀行主導によって行われ始めた。個人経営が多い旅館・ホテル業界には馴染まない手法かもしれないが、岐路に立つ旅館・ホテル経営にとって将来の飛躍のため、むしろ積極的に取り組むべき、重要な研究課題でもあるかも知れない。

投資意欲をそがれた旅館・ホテル業！

旅館・ホテルは本質的に儲かる事業になるのか…

　私事ながら、第一次ホテルブームといわれた東京オリンピック当時、ホテル学校や業界で教えを受けた。ホテル業界の社会的使命とか、世界のホテル業界の現状と将来とか、接遇サービスの技術とか、いわば、ホスピタリティ精神の基本を教わったことが思い出される。
　しかし、競争も少なく、比較的、急成長期に入っていたこともあって、儲かる事業にするためにどうしたら良いか、どうしたら生き残れるかなどと、生々しい経営の基本原理についてはあまり重視されていなかったように思う。
　これは学校のあり方を申し上げたいわけではなく、第一次ホテルブーム以来あまりにも順調に、かつ急成長したため、一度にそのツケが旅館・ホテル業界に来たものであることを認識するために記した。

　近代の旅館・ホテルは、歴史的にみると、外人客をもてなすためにできた日光金谷ホテル、箱根富士屋ホテル、横浜ニューグランドホテル、帝国ホテルなどの創業が発展の起源である。これらの老舗ホテルが西洋のライフスタイルを具現化することに勉める中、日本のホテル業界が成長してきた。
　その後、東京オリンピックの第一次ホテルブームを機に、宴会、婚礼、コンベンション機能を整えた大型ホテルが続々誕生するが、急成長のあまり、海外・国内の成功例をまねて、結局似たようなホテルが数多く生まれてしまった。

ある意味では、外観デザインやインテリアデザインこそ違っていても、宿泊施設、宴会場、レストラン、付帯施設などの営業形態にはほとんど個性がなく、大型ホテルの中にはいつの間にか、デパートホテル（大きくて何でも売っている店舗）になってしまったところもある。

　日本旅館は、古く、宿坊、旅籠、湯治場といわれる時代から、長い歴史を経て育まれ、いつの間にか、全国、津々浦々に、日本的な伝統旅館タイプから、欧米的リゾートタイプのホテル、和洋折衷ホテルまで、継承・改良されながら、独特の発展をして、今や登録されている旅館業は69千軒にものぼる。

　以上のように、旅館・ホテルとも「ミテクレからシグサ」までそっくり勉強し、真似ることから始まった。一部のホテルマンを除いて、何事に付けても旅館・ホテルとはこうあるべきと、最初から型にはまった設備・サービスばかりを引継ぎ、本質的な経営技術についてほとんど省みられてこなかったことは反省されるべきである。

　よい例が、都市型ホテルでみられるロビー、コーヒーショップ、レストラン、和食・中華・洋食（最近はフレンチばかりでなく、イタリア料理も）そして、鉄板焼レストラン、バーなどであるが、どのホテルを見ても、よくもここまで同じ営業形態が構成されているものだと感心？　する。

　それぞれのホテルのポリシーと経営環境に適合して併設されていくものはよいが、客が来ないという理由で、他のホテルで流行っている業態をそのまま真似て導入したところも多い。レストラン・バーなど抱える料飲部門の採算性は、もっとも厳しい経営状態になっていることも忘れてはいけない。

　旅館・ホテルは建物、設備設計がコンセプトそのものになるところもあり、一旦、営業形態を編成してしまうと、なかなか、変更しずらい面がある。

　そんなところから、時代の変化に対応して、的確な営業戦略を効果的にすすめるためには、単なるメンテナンスのみならず、定期的なリノベーション（業態変更まで伴う改修工事）が必要になる。投資家にとっては再投資を含めて、超長期の多額投資回収が大きなポイントになっている。

投資家を納得させる経営手法の再構築が急務

　先に、ホテル業界の現況と特性というテーマで、いかに儲からない旅館・ホテル業になっているかを述べたが、特に資産デフレが激しかった最近は、投資家からみて、ホテル業は装置産業、償却産業という表現を超えて、デフレ経済下では"奉仕産業(お荷物的事業の意味)"、まさに、"社会奉仕事業(これがホスピタリティ産業の訳語なのか？)"と錯覚されかねない程に投資意欲のそがれる産業と化している。

　かつて、新道路交通網、高速自動車道の整備により、自動車が大幅に普及したことから、特にローカル鉄道などは環境変化が顕著で、国鉄時代の終焉とともに、廃線に追い込まれた歴史がある。
　航空機大量輸送時代による船舶事業の衰退などもあった。

　旅館・ホテル業界でも大きな変革の歴史がある。
　都市部でのホテルの台頭による商用旅館の衰退、専門結婚式場の衰退。
　交通網や流行の変化による観光立地の衰退などが上げられる。
　あらゆる環境下で、さまざまな産業が構造的盛衰を経験し、そこから新たな創生を行ってきたことを考えると、旅館・ホテル業界も、今こそ、その正念場であるといえる。

　労働環境からみても、勤務時間は長く、技術習得は厳しい上、ホスピタリティ精神の追求は全産業の中で最も高いレベルにある。
　実は、一般企業に比べて、給与水準、労働報酬はかなり低い方で、どうしてこんな大変な仕事に耐えられるのかと問われることさえある。
　そんな時、大半の答えは一つである。「この仕事が好きだから」だ。しかし、答えはそれだけだろうか。
　本当は企業の成長性、将来性を期待して、働いてきたのではないだろうか。
　旅館・ホテル業界は株主と企業、企業と従業員、従業員と家族、皆、共存共栄のポリシーを忘れかけているのではないだろうか。

　業界の将来を開くためには、まず、投資家(資本家)、経営者、オペレーター

（ホテルマン）が、資本と経営の的確な責任と使命を再確認し、相互の目的（経営ポリシー）を有機的に統合し直さなければならない。

　社会奉仕（還元）事業はそれとして、投資家にも従業員にも納得してもらえる魅力ある本来の収益事業としての旅館・ホテル事業基盤を再確立しなければならない。

　今や、市場は自由競争もますます激しくなり、全てが顧客本位（顧客第一主義）に急変しているということだ。
　業界にも、古くから「お客さまは神様」という言葉があるが、お客を聖徳太子の紙幣と見なすことではない。
　高度成長期のようにお金持ちが余裕のお金を運んできてくれた時代ではなくなった。

　明らかに、顧客が満足できる高品質の商品とサービスを整えた上で、ＰＲし、お迎えして「もてなす」時代になった。
　「茶道・茶懐石の心得のごとく」高度なレベルかも知れないし、あるいは「家庭の母や女房のようなやさしさ」かもしれない。

　それは各々の市場や経営環境からしっかりと方向性を定めることである。
　顧客のニーズに応えなければ買ってもらえないという時代になったことだけは確かで、そのような環境を整える技術革新と新業態開発こそ、長期的な構造不況脱出の第一歩だ。

　そして、旅館・ホテルが企業として、市場に的確に対応できる営業力の整備・強化のみならず、安定利益の上げられる経営構造の変革を成し遂げて、信頼される企業基盤を再構築し、投資家や金融機関の理解を深めるよう努めなければならない。

第7章

観光地の活性化と新しい経営手法の研究

観光地の活性化と新しい経営手法の研究

　市場や顧客ニーズの変化、観光地の繁栄と衰退、あるいは現状と将来などを検証してみると、旅館・ホテル業界は、景気の影響のみならず、時代に立ち遅れた経営体質と業績の低迷で、企業競争力の低下が著しく、構造不況を脱しきれない現況にあることが分かる。
　そこであえて少々大胆に、抜本的な経営構造改革による旅館・ホテル産業の再生と観光地の活性化策を提案したいと思う。業界を挙げて研究すべき重要なテーマだ。

　旅館・ホテルの営業基盤の構築には、市場ニーズの変化への対応が第一だが、経営体質の転換がもっとも大きな課題になっている。

　金融機関の再編成などバブル後遺症対策として、わが国では社会資本の投入まで行って再生を図っているところで、全産業的な大リストラが進捗している。企業・社会のIT産業革命など、そのスピードは想像以上に速く、旅館・ホテルの経営改革などの対応スピードではとてもかなうものではない。

　我々サービス業に携わる者は他産業の景況のオコボレ（経済の余裕）で生計していく考え方でよいのだろうか。それでは永久的に、21世紀の人々が求める先端サービス産業にはなれない。

　従業員を採用してそれなりに成長を望む旅館・ホテルは、このままでは企業競争力を持たぬまま観光地（地域）と共に衰退していく可能性がある。

　観光地の総合的なインフラ整備と技術開発、運営システム改善、魅力ある商品・サービスの開発、共同企画・販売強化など、観光地の活性化の視点はさまざま存在する。

　ここでは、ベテラン経営者や保守的ホテルマンの反論があっても、今まで、あまり立ち入って研究されてこなかった観光地の旅館・ホテルを対象にして、資本と経営の分離など、経営手法の改革をテーマに、抜本的な研究を展開してみたいと思う。

研究課題1

資本と運営を分離して、優秀なホテルオペレーターを編成

　資本と運営の分離…。
　何とも極論的に聞こえるが、冷静に検証してみたい。
◇オーナーが現在所有している自らの不動産・設備、経営権、のれん等の利権をすべて確保した上で、資本と経営（運営）を分離し、さらに、今より優れた運営能力を持つホテルオペレーターに運営委託することが可能になれば、新しい形で経営基盤の強化と収益の拡大を大きく図ることができる。
　さらに、次のメリットも加わる。
1. 運営が優れたホテルオペレーターなら、後継者難も解消。
2. 後継者には、経営権（株式等）の有利な相続を配慮。現場の運営の苦労はさせなくても、代々所有権、経営権（株式）を継承できる。
3. また、売却したい時も、経営権（株式）または不動産を分離して、有利に譲渡などが可能。

◇ホテル不動産の売却では、従業員対策など難題は少なくない。
◇ホテルオペレーターに運営委託していれば、不動産売却も容易。
　以上の点は、後継を考えるオーナー経営者のためにかなり大きなメリットになる。

　現在、わが国のホテル経営形態は、
1. ホテル物権所有者が自ら経営・運営を行うホテル直営方式
2. ホテル物権所有者が賃貸して、ホテル経営は賃借のホテル会社が行う賃貸方式
3. ホテル経営者がフランチャイズチェーンに加盟して、経営を行うフランチャイズ方式
4. 特に外資系ホテルチェーンの進出によって、ホテル所有・経営会社が、運営プロのホテルオペレーターに運営を委託する運営受託方式
　主に、4種類だが、3、4など、経営形態の多様化がようやく進み始めている。

　ホテル不動産（土地・建物）を持つ所有者リスクが最も大きい。
　外資系ホテルなどでは、持ち株会社、土地・建物所有会社（土地または建物が賃借の場合もある）、経営会社、運営受託会社の分離等、2つから、4つの

機能に分類されている場合もある。
※そのなかでも、土地・建物所有者(資本家あるいは土地建物を所有する会社の出資者)がもっとも大きな投資額を抱え、超長期の投資回収に最大のリスクをもって経営しているのが、ホテル経営体質の特性だ。
※簡単にいえば、土地・建物等の大規模設備投資の負担がなければ、ホテルは、ほとんどリスクがなく、それなりに儲かる事業といえる。
G.O.P (減価償却、支払利息等資本関係費前の営業利益)では、30％以上を望めるからだ。
注)GOPはユニホームシステムホテル会計基準第7版で用語は削除されたが、運営受託契約においていまだオペレーターの運営責任利益の指標とされている。
資本関係費がいかに大きな負担かが分かる。

ホテル所有兼経営会社の資本金は、土地・建物の購入手付金や、開業準備費・黒字転換までの長期運転資金などを勘案して構成され、総事業資金は所有会社兼経営会社により資金調達される。
その所有会社は、持ち株会社の設立など、新たな経営体制を研究している。
※その場合は、実質的に持ち株会社がオーナー会社となる。

また、ホテル経営会社を分離して、所有会社から賃貸を受け、より高い収益を上げるため、さらに優秀なホテルオペレーターに運営を委託するケースもある。

最近はホテル用不動産をSPC(特定目的会社)に売却・所有してもらい不動産の証券化を図り、多数の投資家に対して、信託銀行などを通じて流動化(特定社債、優先出資証券、特定CPなど資産対応証券を発行)することも進められ、資金調達の多様化が進められている。
ホテル経営会社は、そこから賃借を受けるなどして運営をする。
SPCは不動産の運営・管理者などを介して得られる賃貸収益(地代・賃料)から、証券の利払い、償還、配当を保証する、という方式が注目されている。

連結決算を考慮しながら、それぞれのメリットを編成・享受することだ。
その場合、もっとも重要なことは、運営を委託するホテルオペレーターのグレードと能力によって、より高いレベルの収益計画を選択することが決め手になる。

大きな投資リスクのある旅館・ホテル事業

　ホテル不動産・設備は、"装置産業"といわれるほど大きな投資額と回収リスクを持っている。今後、所有・経営者は、優秀なホテルマネジメントの人材不足の中で、別名、労働集約産業といわれる過大な人件費率問題を抱え続けるホテル運営に、重ねて苦労することはない。なぜならば、ホテルオペレーターの育成されたプロホテルマンを有効に活用すればよいからだ。

　旅館・ホテル業は、よほどのノウハウか人材を有していない限り、開業すれば、見込みどおり収益があがるというものではなく、また投資回収に16～30年を要する事業になった現在、若い創業経営者ならいざ知らず、後継者や相続問題まで配慮して長期経営体制を整えなければならない。旅館・ホテル業に特に思い入れがあり、経営環境に恵まれた経営者は別だが・・・。資本家や金融機関にとっては、長期に取り組める信用あるホテルオペレーター（または運営の人材集団）がいて始めて、支援体制を組めるものである。

　特に、土地・建物の含み資産を期待して、投資、融資された時代が終わったことを告げたい。
　あくまで、長期計画に基づいて構築された収益還元法が投資の基本になる。
　最終的には、高い営業収益と長期安定経営基盤が、旅館・ホテル産業の超長期経営計画を支える最も重要なポイントには変わりない。
　土地・建物を重装備に持つ旅館・ホテル業の、そのリスクの軽減策と、高い収益能力の運営システムを欧米的に合理的に組み合わせて、近代的な経営体制に脱却した旅館・ホテルこそ21世紀の勝ち組み経営者となるだろう。

　優秀なホテルオペレーターが運営受託するシステムが、すでに世界的に普及してきた理由はそこにある。東京ではすでに、ヒルトンホテル、シェラトンホテルなど、このような運営受託方式の歴史は長い。最近では、横浜、東京のインターコンチネンタル、目白のフォーシーズン、新宿のパークハイアット、恵比寿のウエスティン、六本木にオープンするグランドハイアットなどが次々と進出して成果を上げているのがよい例である。
　このように我が国でもこれからは、より高い収益力を求めて、運営能力（のれん）のあるホテルオペレーターが見直される時代になった。

いかにレベルの高いホテルオペレーターを育成するか。
できるだけ有利な条件で、優秀なホテルオペレーターと組むか。
何れも重要な経営者の決断ポイントになった。

資本と運営分離のための要点考察

　旧来より土地建物を所有する資本家兼経営者の中には、収支損益に一喜一憂はするものの、特に大きな償却や支払金利がない恵まれた老舗など何代かですでに回収されたはずのホテル資産（土地建物等）に安住し、安定経営している経営者もある。

　従来の直営方式では、自分で資金を調達して、すべて自己責任で旅館・ホテルを経営している例が多い。日本的な資本家は、金も出すが、運営方法に逐一口を出す資本家兼経営者が多く、うまくいくときはよいが、悪い時は経営責任が内部的にはうやむやにされるケースが多い。もちろん最終的に、経営者は負債を負った場合の弁済責任はもつが、業績の悪い時は、方針決定をした経営者自らではなく（資本家でもあるが故）、総支配人が収益責任を問われることが多い。

　現実には、総支配人に「経営の決済に関する権限」はほとんどなく、一方では、責任はすべて総支配人に下りることが一般的な日本の旅館・ホテルの経営組織である。

　他人に委託したくなければ、社内を形式的にでも、総資本の運用責任と運営の収益責任とを分離し、取りあえず、営業利益、経常利益、最終利益の三点を区分してそれぞれの責任を明確にしてみたらよい。

※将来、資本と経営を分離したり、プロに運営委託したり、逆に、他の旅館・ホテルの運営受託をしたり、経営手法の多様化と第三者投資家や、金融機関の理解を得るための大きな武器にもなる。

①周知のように、欧米のホテルオペレーターシステムにおいて、総支配人以下マネジメントスタッフがG.O.P（減価償却、支払利息等資本関係費前営業利益）を大きな運営管理規準にして目標営業利益の確保に大きな責任を持つ。

②オーナー経営者は、G.O.Pから資本費を差引き、経常利益を純収益として投資に対する収益還元の大きな尺度とする。

注：ちなみに、収益還元法でみる投資利回り算定では純収益から減価償却費を除き、投資額に対し、いかに高い投資利回りが算定評価できるかを問う。キャッシュフロー経営でみる純収益＋減価償却費が投資回収の源泉でもある。

③そして、所得税、配当、特別損益等を加え、今や、真の企業経営者は、連結、しかも最終損益で累計損益の安定的な成長性にいたるまで真価を問われる時代になった。

注：これからの土地・建物投資は地価鑑定評価算定にも表れているように、原価法、土地取引事例比較法より、不動産の「含み益」が長期的にも期待できない昨今、一般企業が、投資利回りを算定・確保する設備投資のあり方と同様に、特に旅館・ホテルでは収益還元法が重視される時代になっていることも加えておきたい。

研究課題2

投資リスクの軽減と所有形態の多様化

　投資形態については、特に資産デフレ経済になって、過大な土地・建物投資の回収効率の低迷が最大のネックになっている。対策として前述のごとく、土地取得方法の多様化、資産・設備の所有形態の多様化や資本形成の多様化を計らなければならない。あわせて、高い営業収益を上げられるホテルオペレーターを育成しなければならない。

　その投資リスクをいかに分散するか、またその難題をいかに解決するかは

"大きな課題"である。

　ある外資系ホテルを例示すれば、第三セクター方式で設立したオーナー会社が地権者を含め10社以上の法人・個人の株主から構成されており、しかもその株主が近隣にあり、顧客にもなる合理的な構造を持っている。結果としてこの構造が事業基盤を築くことになった。近代経営の在り方に大きな参考になる。

　北海道・小樽でも大手スーパーが60%他、地元企業の共同出資でプロジェクトを編成し、収益力の高いオペレーターとの提携によって本格的な国際級ホテルを実現した例も参考になる。

　しかし、低金利時代になって、ハイリスクでもハイリターンを望む欧米的投資家が増えてきている。

　たとえば、旅館・ホテルを、10年の国債のような超長期の安定投資にたとえてみることができないだろうか。
　配当内容は異なるが、当初は、会員制と同じように金利相当の利用割引優待、配当代わりの無料利用など利便の還元を図り、何としても黒字転換させなければならない8～10年後には、ある程度率の高い安定配当を約束できるような事業手法(資金調達)が確立できないものだろうか。
　旅館・ホテルは地域社会への貢献度は大きく、経営収益からみると比較的地味だが、激しく浮き沈みすることはあまりない。

　株式上場、店頭公開、土地資産の証券化、会員制など話題の方式のみならず、私募や公募会員持ち株制(会員権とは違って株主優待程度で利用しながら収益により配当を受ける)の研究や、広く地域社会の関連業者など相互補完株主を広げ、資本提携や業務提携を含めて体質強化を図ることも検討する価値がある。
　ましてや、営業上の補完強化を考えると、営業戦略上メリットのある地域の旅館・ホテル同士が、資本提携など連携することも新しい飛躍のきっかけになるかもしれない。

研究課題3

抜本的経営革新による観光地の活性化

観光地・総括運営会社の設立ヒント

　経営手法の研究テーマ「資本と経営の分離」をヒントに、観光地全体を大規模にとらえて、所有・経営(オーナー)と運営(ホテルオペレーター)分離と経営システムについて、観光地全体の活性化につながるような飛躍的な研究をしてみたい。

◇ホテルオペレーターは何も他人に委託するばかりが手法ではない。優秀な人材・素材があれば、地域自らが結束して運営会社(ホテルオペレーター)を設立すればよい。

◇経営システムが生み出すメリットを具体的に把握するため、温泉・観光地全体の活性化と格段の営業力強化などを目的とし、全体を統一管理できる仮称「既存オーナー＆新・総括オペレーター方式」なるものを想定して検証する。

　たとえば、「○○温泉旅館組合」としよう。現在、土地・建物設備を所有する旅館・ホテルのオーナー経営者が30軒あるとする。

1. まず各々オーナー経営者は、現在の旅館・ホテル不動産(土地・建物)も経営権、およびのれん(旅館・ホテル名)など利権をそのまま確保することを前提にする。ホテル所有会社のオーナーには変わりない。

2. 次に、現在の各オーナー経営者(取締役として)の出資により、各旅館・ホテルを総括経営するためのホテル経営会社を設立する。一般従業員は経営会社に所属。
※各旅館・ホテルは一事業所会計単位となり、経営会社は各オーナーから賃借する。(賃借条件の考え方などは後述5,6項)

3. また、各オーナー及び従業員持ち株会が出資して、総支配人(または女将)

以下主要マネジメントスタッフを合同した一つのホテル運営(ホテルオペレーター)会社を設立する。その上で、ホテル運営会社はホテル経営会社と運営受託契約を締結して、運営体制が整う。運営会社は経営会社より運営受託料を享受して、運営責任の実行と人材ノウハウの育成に努める。
※運営能力が乏しい時、他の有能オペレーターに委託できる柔軟性がある。

※もちろん、各オーナー経営者はその運営会社の取締役を兼ねる。ただし、運営会社の経営体制は、オーナーは代表取締役会長(C.E.O)1名と非常勤取締役、監査役に就任する。それ以外は、代表取締役社長兼統括総支配人(C.O.O.&GM)と最低限度の執行役員他、オペレーション管理の専門スタッフで組織する。

※そして、大切なポイントは、公平な選抜により、地域でもっとも優秀なホテルマンから社長兼総支配人を選出することである。そのことによって、個人経営の世襲制度や、後継者問題などを脱皮し、合理的な組織編成と、従業員に将来の大きな夢をあたえることもでき、人材の育成と活性化につながる。各派遣する総支配人は旅館・ホテルの規模により、ホテル経営会社またはオーナー会社の取締役(または執行役員)を兼務してオーナーとの共同責任意識を高めることも意味がある。

4. 各旅館・ホテルは割り切って、地域全体の中の一アウトレット(営業店舗)として、ランク別、料金別、趣向別、利用目的別など総合的に分類、配備して、いわゆる他のライバル観光地に対抗する戦略インフラ基盤を再構築する。

5. 旅館・ホテルの各オーナーには、現在まで、過去数年間の経営実績を基に、経営資源の公平な規準を設け、相互の妥決点を定め、現状に見合う収益(過去数年間の平均GOP以上)相当分を保証して、ホテル経営会社は各物件別に一括賃貸契約(オーナーも有利に売上の良い時、高い賃料の売上歩合、最低保証賃料制)を交わす。また、一定期間、計画以上の純収益を挙げた場合は、別途運営会社にインセンティブフィーが配分されてもよい。

6. 長期営業収支計画(事業所別、20年、5年毎相互見直し)等契約条件は運営会社が立案し、各オーナーの承認を以って運営受託契約が成立する。

今回は運営受託契約のあり方について詳細な議論はしない。だが、まず基本理念を確立し、現在の旅館・ホテル所有経営者の所有権・経営権・のれん（旅館・ホテル名）の継続を保証した上で、新しい経営システムの改革に取り組む根気が必要である。実際に話し合いがまとまるまでには、相応の苦難も伴うであろうが、その結果を契約書にするということは、ある程度まとまった観光地であれば、どんな条件の旅館・ホテル群の編成でも、今後は実現不可能なものではない。

観光地の地域総括経営から生まれるメリット

　その地域の全ての旅館・ホテルを一括して運営受託できるシステムが生まれれば、国内市場の激戦の中で、飛躍的な企業競争力が生まれ、観光地・地域活性化などの重要テーマにも応えうる、観光地の地域間競争力のある強力な営業基盤の確立ができる。

　さらに前述のごとく、身近な問題として、オーナー財産の保全、相続等継承問題、後継者難なども解消する糸口が見つかり、次に述べるように、スケールの大きいさらに具体的な経営メリットが生まれる。

地域総括経営のメリットを検証してみよう
　中小・大旅館・ホテルが、30軒まとまって、一括運営受託方式による総括経営を試みるとすると、次のようなメリットが想定できる。

①営業・競争力の飛躍的拡大
　観光地全体、しかも公共・自治体と一体の営業戦略も打ちやすく、地域観光政策の支援を受けやすくなるばかりでなく、営業力の大規模化と増強により、市場戦線での競争力が大きく飛躍する。
　例えば、各旅館・ホテルの年間売上5千万円から10億円の格差があっても、その規模をトータルすれば、総売上100~200億円規模になり、少なくとも、宣伝費、営業販売促進費は5~10億円規模が可能となって、かなり強力になる。

特に、直販体制(マスメディア対策など)の整備などは、倍増して戦略対応が可能になる。

　また、主要都市に無駄のない合同の営業所を設けられる規模になり販売活動も効率的になる。いずれにせよ、経営規模の拡大により、営業力の増強は多面的に可能性が広がる。

②大量、一括仕入れによる　コストダウン効果大
　サービス消耗品や飲食原材料などの仕入れ原価等は、ロットの大規模化と共通素材の統廃合や合理化により、大きくコストダウンを計ることができる。

③調理場の近代化とセントラルキッチンシステムの効率改善効果大
　地域を総括する「セントラルキッチン」が可能になり、基本素材は工場で仕込み生産できる。一部こだわり料理や、仕上げのみ現場の調理場で供給されると、調理場も全体の3分の2から、2分の1(目標値)の人員に削減できる可能性がある。まして、国際線ファーストクラスの和食ケータリングの技術レベルをみると、さらに大きな改革ができるかも知れない。

注：仕入れ素材を共通化することと、各旅館・ホテルで出す商品個性の創造は、システム化の問題なので大した難題ではなく、問題があるとすれば、近代化に取り組む調理技術者の革新姿勢にある。

※花巻温泉では、6軒の旅館を直営し、ご飯工場は1ヶ所で5,000食分を1時間で供給する。

※ファーストフードやファミリーレストランの料理メニューは旅館・ホテルのメニューとは違っても、システム化は大きなヒントになる。
　個性ある郷土料理を、合理化された近代設備で提供することも研究課題だ。

④事務統括センターにより、管理部門の大幅な合理化と効率改善
　総務、庶務、購買、人事給与、経理、支払事務、などの統括事務管理センターの開設により、現場は、キャッシャーや一部オーディターの配置ですみ、コンピュータ情報システムのメリットも飛躍的に改善できる。

⑤維持管理、営繕、大工センターなど統括管理で資産管理は抜群

　設備・機械など総合メンテナンス機能が統括管理。

　場合によっては、直営化が可能になり、管理コストは大幅に削減できる。

※内部組織の充実により、資産・設備の維持管理・保全を完全に実施できるため、高いグレードで、施設や商品の維持が可能になる。

まさに、メンテナンスからプロパティマネジメントへのレベルアップが可能になる。

※ FF&E（家具、什器、備品）の調達、維持管理も合理的に展開できる。

⑥スチュワードセンター（外注可）による、食器、什器備品などの管理システムと機能の充実と原価管理の効率化。

　食器、シルバー類などは大変な数量管理であり、かつ大きな原価構成である。その維持、消耗、破損、紛失管理など原価管理を大きく改善できる。

⑦人件費の大幅な合理化と　人・時生産性の飛躍的な向上

　特に季節変動の激しい旅館・ホテルでは、マネジメントスタッフのみならず、従業員の各ホテル配置が容易に出来るようになる。貴重な労働力の無駄のない配置により、大きく人員の合理化と人件費の削減が計れて、飛躍的に生産性は向上する。さらに、配膳、洗い場など地域一体の人材派遣の会社を編成すると収益性は大きく改革される。

⑧人材の活性化と、人材開発の強化

　従業員にとっても、個人企業への滅私奉公の時代を終え、大規模組織の中で、社長のポストを含めて、将来の目標が大きく開ける。いわゆる運営会社のみは、その地域で優れた運営実績のある者が経営幹部（社長他）となり、将来、人材の活性化された業界によみがえることができる。もちろん、オーナーの後継者（子孫）も、どちらの立場（オーナー会社かオペレーター会社）でも資質に応じて選抜され、大きな力になればよい。

⑨観光地全体のインフラ整備と魅力づくりを促進・強化

　観光地全体の戦略インフラ基盤の整備と強力な観光地の魅力づくりができる。各旅館・ホテルはアウトレット（営業店舗）として、それぞれ個性化商品を配備。ランク別、料金別、趣向別、利用目的別など、的確に分類配備して、戦略インフラを構築する。

※顧客ニーズの多様化に対し、個々の旅館・ホテルでは、いわゆる的確にターゲットを絞らないと戦略対応に限度がある。

　同じ地域に異なる個性を持つ、優れた多彩な旅館・ホテルを統括して経営するため、総合的、かつ戦略的に、観光地の魅力づくりと受け入れ態勢の再整備がしやすい。
　地域として、総合的かつ、より質の高い顧客満足を追求しやすくなることが最大の魅力だ。

　最後に、現在、有名温泉地では、宿泊者に、温泉めぐり手形を提供し、自分の泊まった旅館・ホテル以外の温泉も相互提携で楽しめるようにしたアイデアなどは人気が高いことを確認しておく。お互いに関連施設のパンフレットや割引優待券を置き合うなど、いろいろと提携のキザシがみられるが、実現可能な業務提携から実行してみるのも手だ。観光地の本格的な業務提携や、資本提携の可能性も近い将来のことに思える。
　"21世紀は地球観光の時代"といわれているが、わが国の旅館・ホテル業界のみならず、交通機関、旅行代理店、旅行関連産業など、観光産業全体の大規模な業界再編成と国際的な競争力を問われているのかも知れない。

理論をイメージする参考例
　以上の理論のイメージを一層理解するための手助けとして、運営会社こそ分離されていないが、かなり大きな経営メリットを生み出している総括経営方式の参考になる事例がある。

1. 地域統合の優れた経営サンプルに、料亭だが八王子・高尾山麓にある「うかい鳥山」などがある。立地開発や、事業拡大の可能性、反対に縮小均衡の効率まで考えた経営・サービスシステムは大変勉強になる。

　街はずれの奥まった山あいと渓流に沿って、その自然を活かした6,000坪に農家の古い建物を改造しての創業以来、顧客が増える度に、同エリアに合掌造り、大名家の古い茶室など別棟で一軒一軒建て増し、現在、38軒（600名収容）を超え、全体が一つの村を形成している。ここでは、利用目的に合わせて多彩な客室が選べる。料理は簡素に、鳥と牛の炭火焼に限られるが、演出

が結構洒落ていて大繁盛店である。
　こちらは既にセントラルキッチンシステムでもある。

2. 花巻温泉では、国際興業グループが6軒の旅館・ホテルを全て花巻温泉株式会社で経営している。
　電話番号も大代表でいずれの旅館・ホテルへの予約などに応対し、アウトレットは高級から大衆まで、顧客戦略別に特徴を持ち、仕入、販売、その他管理部門も統合して、営繕木工所も含み、町全体を形成するほど強固で大きな経営基盤となっている。

3. オーストラリアのケアンズにある日系企業は、ケアンズ市内とその周辺に集中して、ケアンズ・ヒルトンインターナショナルホテルを所有経営し、ヒルトンに運営委託。
　その他ケアンズ・インターナショナルホテル、マトソンズプラザ・ケアンズ、市内からフェリーでつなぐグリーンアイランドリゾートを4軒もグループにして、所有・経営・運営している。しかし、実質的には、日本企業としての統括本部はあるものの、経営・運営は、物件を所有する子会社が、それぞれ別法人格のため、オペレーション（営業面、共同仕入、人事など）を始め、経営メリットが十分に引き出されているとはいえない。

　所有を目的とするのか、運営メリットを目的とするのかで、経営戦略が大きく変わることが分かってくる。所有物件、ホテル名はそれぞれ別会社になっていても、運営会社が一つで、4軒をプロのオペレーターが運営統括できているのであれば、先の例のように、経営メリットは大きく改善されたものと思われる。

　これらは、いずれも、同一地域の複数経営で、所有（資本）と運営が同一会社、または全て別会社での経営形態だが、見方によると、観光地の全旅館・ホテルを所有（資本）を分離統括して、一つの運営会社で経営する姿の見本がすでにあるように思える。

第8章

顧客市場の変化と販売ネットワーキング

顧客市場の変化と販売ネットワーキング

　ここでは、旅館・ホテルの顧客市場をセグメント別に大きくとらえて、再点検してみる。また、敢えて少しばかり極端なとらえ方をするが、それは21世紀の顧客市場の変化を特徴的に予測するためである。

企業法人（交際費勘定）市場の激減と、商習慣の変化

　企業法人の交際費による接待は、不況によるコスト削減のみならず、官庁接待の不祥事をきっかけに官民接待、官々接待、ひいては民民接待ですら自粛すべきである、という時代になった。
　グローバリゼーション（国際会計基準の施行など）によるディスクロージャーの問題など、会計ビッグバンにより、さらにビジネス環境の大きな変化が起こる。
　実務経費は別にして、依然として、接待・交際利用を主流とした法人需要は全体的に減少傾向。

　99年国税庁推計によると、全企業に占める赤字企業は67％になり、交際費も前年比4.6％減とあり、これは特に94年以降は減少し続けてバブル前の水準以下に落ち込んだかたちだ。
　国際的な現状と動向を見ても、今後も従来のような「宴」の接待市場が回復するきざしはないと思われる。

　しかし、取引の交渉のためのプレゼンテーションや、交渉のための会合、情報交換の交流、新商品・新技術の発表会・展示会、提携等の他、パブリシティーや広報活動のためのコンベンションなど、軽い飲食を伴うケースは、世界的にますます増加の一途をたどる傾向にある。

　各企業の大規模リストラ策として、オフィスの省スペース化を促進した結果、会議室不足も生じており、特に外部との合同会議や社外取締役のある取

締役会など、社外でビジネス目的を果たすために効果的な場所として、決して華美でなく、実用的に旅館・ホテルが選ばれることが増えるであろう。

　これからはビジネスの目的を明確にした利用で、名目的には従来のような接待交際費ではなく、実質的な旅費交通費、会議費、販売促進費など営業費そのものが主流になる。
　芸者、ホステス等の接待、遊興を伴う交際費は消滅するとは考えられないが、これからはプライベート勘定の時代になっていくことだけは確かである。
　税制上の交際費勘定も、さらに金額や目的により仕訳が見直される時代になるはずだ。

官々・官民接待市場の見通し

　日本の伝統的な商習慣であった企業の官庁、お役人接待も、その周辺では前述のごとく、社会通念の大きな変化が起こっている。
　特に、かつての大蔵省の不祥事以来、多くの地方自治体にいたるまで、贈収賄、汚職問題が取り沙汰されて、社会の見方が変わってきた。
　世界的なディスクロージャーの波が官庁や自治体にも及んでいる。
　企業・官庁両側の事情からみても、将来、皆無とはいわないが、粛清が続くことは明らかである。
　いわゆる安定顧客であった官公庁が、緊縮財政のみならず、税収不足が補えない財政事情により、特に飲食を伴う宿泊、会合の場として利用することはますます厳しくなった。
　かつて、領収書を書き換えてまで協力した時代もあった裏交際費なども、税負担を強いられる国民が許すはずもない。
　今後は、プライベート利用と、「公」のためを明確にした使い方に変わっていく時代である。

　ただ、短期的には、2000年、小渕内閣が「最後の不況対策」と銘打って、32兆円も国債借金をしてまで、景気回復予算を計上したうち、情報化、高齢化、環境対策のミレニアム・プロジェクト2,500億円を始め、公共事業費、9

兆9千億円という予算をみると、その大半の受注を受ける建設業界の交際費は1兆160億円、卸売業7,950億円(99年12月国税庁推計)と、いまだ、大変大きな市場といえる。

いかに社会が変化しても、長い間の商習慣を、ビジネスのためには、急変させることが難しいこともある。
「最後の不況対策」の全てが旅館・ホテルへ落とされるわけではないが、当分の間は、この市場を得意とする旅館・ホテルにとっては、見過ごすわけにはいかない数字だろう。

職場・団体旅行の変化

職場旅行、いわゆる慰安・団体旅行の変化は著しい。
一つは企業が大規模化し、しかも職場単位が大きくなり過ぎて、一同に会することができる数百人単位以上収容の宴会場、宿泊施設が少ないこと。貸し切りバスですら10~20台とまとめて停車できる場所がなくなったこと。列車・電車では行動半径の限度があることなど。
出発から帰着まで円滑に運ぶことが困難になってきたことが、大きな理由に挙げられる。

この分野こそ旅行代理店の独壇場であったわけだが、団体・職場旅行客の減少による大型ドライブインの衰退、団体比率の高かった大型団体旅館の低迷を見ても衰退のほどは明らかである。

日本観光協会調査「観光の実態と志向」99年、目的別で見ると慰安旅行は68年には旅行目的の53.9%を占めていたものが、88年には25.8%と半減し、98年には19.5%とさらに減少の傾向にある。

これは完全に時代のすう勢によるもので、前述の事情のみならず、一方では、世代感覚の変化による。
いかに会社がスポンサーであっても、仕事以外で特に上司と一緒にいると、

職場の延長と同じ感覚で慰安とはいえないと、若い人に敬遠されはじめたことも大きな理由に挙げられる。
　まして、プライベートなお金の積み立てまで必要とされるくらいなら、絶対参加したくないという人まで増えてきた。

　居酒屋などですら、職場の上司が部下にご馳走して、上司の方が気を使っても、部下からはあまり感謝されてない現実をみても、感覚の変化は明らかである。

　また、共働き社員も増えたことから、週末休みを返上して職場旅行に行くよりも、休暇の方がよいと思う人が増えてきている。
　そうかといって、企業がよほど順調でないかぎり、一人3万円も10万円も負担しての職場旅行は成りたたない。

　企業も社員が、そこまでいろいろ意見や希望があるならと、利用する社員に対してのみ、申請により、年間一定の福利厚生費（1人1万円程度以上）の支給する制度が普及している。
　それぞれ自由に、むしろ家族や、友人などとプライベートな時間をより多く過ごせるようにした方がよいという時代になったことも無視できない。

　また、団体でも、同じ楽しむなら、設備はもちろん、料理、サービスも少しでも品質の高いものを楽しみたいという時代になった。
　従来の、冷めた団体食や、設備（客室に4～6名の詰め込み他）、付帯施設が志向の多様化した団体を構成する個々のニーズに対応できなくなったことも事実だ。
　ゴルフ場設備は別格として、一時、ボウリング場などが整備されたこともあったが、その他は、売店の拡充に留まり、大規模団体旅行の受け入れ施設のあり方は大きな転換期にある。
　むしろ、館内ですべてまかなおうとしないで、自然観光資源も含め、地域全体で整備することが大切だ。

　ホテルでいえば、大型コンベンションを受け入れても、分科会会場、プレスセンター、コミュニケーションラウンジ、資料室、懇親会、その他レクリエーションなどは、ラスベガスのように整ったコンベンションエリア等と同

様にというわけにはいかない。そもそもわが国は地域全体での取り組み方が中途半端な上、団体側の事情の変化もさることながら、受け入れ施設の改良が大きく遅れているからである。

日本ではアーバンリゾートといわれる具体例が数少ない。東京ディズニーランドや、ハウステンボスなど、都心でいえば、プリンスホテルの品川・高輪地区の総合開発が、唯一わが国で先行開発している例である。

修学旅行ですら少子化や青少年の補導問題、教育改革問題もあって、海外修学旅行を含めて、そのあり方が見直される端境期にある。

ところが、地域、協会、組合団体、宗教、招待による団体旅行ですら全般的に減少している中で、年齢的に40~70代では、逆に中・高齢者の団体旅行シェアが高くなっていることを当面は無視できない。

ますます元気な中・高年齢層では、社会の人間関係を大切にし、いわゆる横社会の付き合いや、趣味を通じて少なくなる友人との付き合いが活発となる。
明るく、元気な高齢化社会も宿泊市場に大きく貢献することは顕著で、バリアフリーのみならず、関連施設、機能、料理レシピのあり方、料金など重要な研究課題となろう。

福利厚生制度による個人・家族旅行の安定的増加

前述の理由から、福利厚生制度による旅行・宿泊費用、またはレクリエーション費用の一部負担による利用形態は、これからも平行的に発展するといえよう。

しかし、直営厚生施設は企業リストラと利用者の不人気から、危機にある。
旅行代理店の旅館連盟や専門厚生施設運営会社と提携して、全国の旅館、ホテル、ペンションなどと多彩に施設利用契約を交わし、従業員が利用した時のみ規定額を負担する制度が一般的となっていく傾向にある。

家族・友人など個人旅行の台頭と小グループ化

　宿泊観光旅行の同行者別のすう勢を見ると、76年以来98年に至って、家族旅行は27.8%から37.3%と上昇が顕著である。
　20代は友人・知人が多いものの、30代以上は家族旅行が多くなる。

同行者の種類の推移

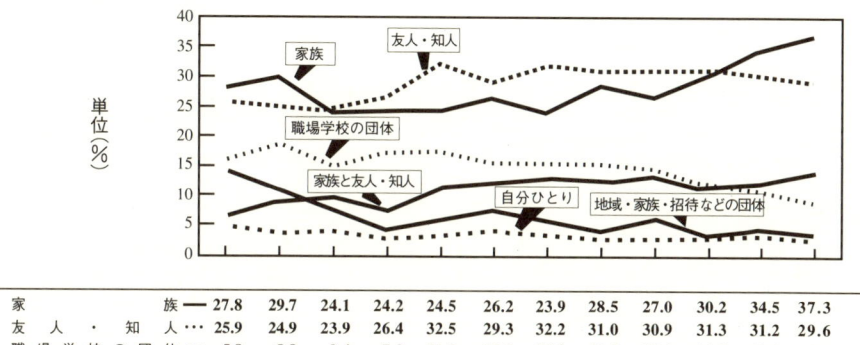

	1976年	78年	80年	82年	84年	86年	88年	90年	92年	94年	96年	98年
家　　　　　族	27.8	29.7	24.1	24.2	24.5	26.2	23.9	28.5	27.0	30.2	34.5	37.3
友　人　・　知　人	25.9	24.9	23.9	26.4	32.5	29.3	32.2	31.0	30.9	31.3	31.2	29.6
職場学校の団体	5.8	8.8	9.4	7.3	11.3	12.3	13.0	12.5	13.4	11.5	12.2	14.0
家族と友人・知人	16.1	19.0	14.8	17.5	17.5	15.7	15.2	15.5	14.6	12.0	10.9	8.9
地域・家族・招待などの団体	14.0	10.2	7.1	3.6	5.3	7.0	5.7	4.0	6.2	2.9	4.3	3.2
自　分　ひ　と　り	4.8	3.4	3.9	2.6	3.0	4.0	3.3	2.5	2.8	2.7	3.2	2.4

　　　　　　　　　　　　　　資料：日本観光協会「観光の実態と志向」（1999年4月）

　前述の職場団体の減少傾向に対して、家族や夫婦旅行の増加傾向はかなり鮮明になっている。しかし、年齢別をみると、動向の差異と変化は大きいことにも注意したい。

同行者・目的別利用宿泊施設（全国・複数回答）（1998年）　　　　　　　　　　（単位：人，％）

		サンプル数	ホテル・ビジネスホテル	旅館	公共宿泊施設	寮・保養所	車・船中泊	キャンプ・山小屋	知人・親戚宅	民宿	ペンション	別荘・貸別荘	ユースホステル
	全体	2,781	33.9	33.0	6.1	6.0	5.2	4.8	4.5	4.5	3.8	2.3	0.8
同行者	家族	1,038	37.1	33.6	6.9	8.8	3.1	4.1	5.1	3.1	3.7	2.8	0.5
	夫婦のみ	363	37.7	38.8	4.7	8.8	3.6	1.4	4.4	3.9	2.2	3.0	0.3
	その他の家族	675	36.7	30.8	8.1	8.7	2.8	5.6	5.5	2.7	4.4	2.7	0.6
	友人・知人	824	34.1	33.0	5.5	4.2	8.3	4.1	3.8	5.7	5.3	2.4	0.7
	家族と友人・知人	390	24.4	28.5	7.7	5.9	5.1	11.5	6.4	5.9	4.1	3.8	0.8
	職場・学校の団体	248	42.3	37.9	4.0	4.8	2.0	2.4	0.4	6.0	2.0	—	1.6
	地域・宗教・招待等の団体	89	34.8	57.3	3.4	1.1	2.2	—	—	2.2	—	—	3.4
	自分ひとり	68	38.2	16.2	2.9	1.5	23.5	1.5	19.1	2.9	—	—	1.5
主な目的	自然・名所等の見物や行楽	700	44.1	34.1	6.1	5.4	5.4	3.4	3.9	3.4	3.6	1.0	0.7
	慰安旅行	543	37.8	45.9	5.0	5.2	0.6	0.6	2.6	3.3	2.2	1.1	1.1
	スポーツレクリエーション	541	27.4	12.8	5.2	7.0	12.6	14.2	3.9	7.6	8.3	4.1	0.9
	温泉に入る・湯治	420	26.0	50.7	7.1	8.1	0.7	0.5	2.1	3.3	1.7	1.9	1.0
	趣味・研究	132	35.6	24.2	9.8	5.3	11.4	6.8	6.1	6.8	2.3	3.8	0.8
	避暑・避寒以外保養・休養	96	29.2	20.8	9.4	14.6	1.0	4.2	6.3	4.2	5.2	6.3	—
	神仏詣	81	35.8	39.5	6.2	2.5	6.2	—	13.6	6.2	—	—	—
	避暑・避寒	32	15.6	12.5	9.4	9.4	—	15.6	—	6.3	18.0	21.9	—
	旅先での出会いや交流	59	33.9	37.3	3.4	1.7	3.4	3.4	18.6	—	3.4	6.8	—
	新婚旅行	4	50.0	75.0	—	—	—	—	—	—	25.0	—	—
	博覧会	8	12.5	25.0	—	—	62.5	—	—	—	—	—	—

資料：日本観光協会「観光の実態と志向」（1999年4月）

旅行目的と利用形態の多様化

1.自然、名所、イベント見学や行楽　2.慰安旅行　3.スポーツレクレーション　4.露天・温泉　5.趣味・研究　6.休養　7.寺社詣　8.避暑・避寒　9.出会・交流　10.新婚旅行　他

1~10に分類すると、目的が多彩で、さらに幅広く、奥深くなっていく傾向にある。
　グルメ(食)・健康・美容そのものも、最大の目的の要素となっている。

旅行の目的と目的地(観光地・都市)の選択により施設の利用方法は異なるが、少数単位、または特に1~2名の利用では、観光にも、ビジネスホテルなどの宿泊施設が利用される合理的な時代になってきた。
　関心が大変高い例として、ホテル那須サンバレー・アネックス(ビジネスホテルタイプ)がリゾートホテル施設の一連に配備されている。1泊2食付き11,000円、ゴルフパック15,500円からである。

　理由は宿泊場所以外の目的(たとえばゴルフなど)があり、宿泊と朝食のみで充分の場合もある。
　一方の事情には旅館の施設や料金のシステム上、2名はまだしも、1名客の受け入れ体制がほとんどなく、従来の定員4名を基準に定められた一泊二食付宿泊料金制度は、3名、2名、1名と減るほど割高になるにもかかわらずサービスは変わらない。

　観光地の旅館は、いまだに2人はともかく、一人旅は嫌われる習慣にある。すでに、一室当りの平均宿泊人員は、2.3~3名前後に低下しているにもかかわらず、その対応が遅れている。
　2名規準の料金体系に変えてもよい時代。

　市場ニーズの変化は上述からご理解いただけるとおりであるが、旅館の経営事情優先するあまり、客の動向やニーズに、スピーディーに対応し切れない体質そのものには、これからの課題が多い。

観光地の顧客市場国際化

　すでに、都市ホテル・都市部のビジネスホテルは、海外・すなわち外国人客の受け入れ体制はもちろん、積極的に、海外セールスを行って、国際メジャーホテルチェーンには及ばないまでも、80~90年代、欧米や発展途上の東南アジアから、インバウンドツアーの市場をすでに開拓してきた。

　観光地でも、福岡国際空港を基点に長崎ハウステンボス、宮崎シーガイヤ、

別府温泉へ。

　関空を基点に京都、金沢、和倉温泉へ。成田空港を基点にディズニーランド、日光、鬼怒川・川治温泉へ。札幌空港を基点に札幌・小樽、洞爺湖・登別温泉へと、温泉を取り入れたインバウンドツアーもかなり人気が出ているところである。

　まだ、サービス体制の不備もあり、なかには英語圏はまだしも、いまだ外国人アレルギーがある旅館も多く、今後の営業展開に大きな課題である。

　世界中に、富豪もいれば、大衆もいる。
　一部の外国人は別にして、ツアーで来日する客は、比較的上等なお客様である。

　初体験の海外ツアーを思い出してみても、旅行代理店の手配におまかせで、日本では一流ホテルに泊まった経験がないのに、海外各都市でマナーを気にしながら、一流ホテルに泊まった経験があるはずだ。

　そのような観点からみると、外国人客はどんな観光地でも、わが国の遠来の顧客をもてなす「ホスピタリティ」があれば、大きな開拓マーケットになると思われる。

　また、受け入れ状況にも、言葉のハンディキャップが一番大きいものの、最低限度外国語のインフォーメーションを整備し、笑顔のホスピタリティがあれば世界中に通じることは確かである。

　歓迎の仕方も、ハワイのレイサービスやフラダンスの時代を思い起こすと、日本もそれなりの伝統的な「心のこもったもてなし」ができるはずである。

　ただ、泊まっただけで、何の歓迎もないビジネスホテルのインバウンドツアーも料金を安く値切られるばかりの大きな市場危機にあることに留意して、観光地の旅館・ホテルはホスピタリティの原点をアピールすることが大切だ。
　外国からのどんな旅行客にも、必ず喜んでもらえるものと思う。
　一時的には、韓国、台湾経済の不況、低迷、マレーシアなど政変による変動はあるものの、2000年の景気成長率は日本よりはるかに高く、長期的にとらえて、戦略化できるかどうかで将来は決まる。
　大手旅館・ホテルにのみ出来るということではない。

観光地はもっと地域一体の営業革新が必要である。

いずれにしても、韓国・台湾・香港・中国など、まもなく各国から、年間100万人の来日数を数える日もそんなに遠くないだろう。

現在、日本人の海外旅行は、人がほとんど行かない秘境まで旅する時代になった。
　一度訪れた海外も、経験を積むと、気に入ったところへジックリ個人で訪れるようになる。

　たとえば、ハワイのような、観光資源、宿泊設備、料理、サービス、レジャー・ショッピング施設などの充実した、常連客に人気第一位が続いている観光地のあり方を対極的に見習いたいものだ。
　日本人で世界中を旅した人は、いまだに「ハワイから始まり、ハワイに落ち着く」といわれている。
　いろいろなところを一度は訪れても、将来は、またやはり優れた、自分に合う人気観光地に行きたいものだ。
　日本人にとって単に観光資源としてのみならず、日系アメリカ人の親日性や観光政策として日本語案内の配慮が早くから整備されたことも、日本人旅客をファンにしていった大きな要素である。
　外国人客を受け入れに大いに参考にしたい。

　また、東南アジアでは、何もなかった大自然を切り開き、初めから外国人市場を対象に開かれた観光地、プーケットなどは一貫した「自然にかえれ」という観光コンセプトが最初から貫かれていて、「癒し」をもとめて、顧客は繰り返し訪ねる。

　最近のラスベガスは、カジノと夜の街というイメージをすっかり脱却して、老人から若いカップルや子供まで、明るく多彩に楽しめる大型テーマパークを凌ぐ人気を得ていて、99年、1年間の旅行客数は3,380万人に達した。
　特に全米の有名レストランの進出も相次ぎ、質の高いエンターテイメントなどの魅力で、世界中から旅行客を誘客している。
　99年、12万294室の客室稼働率は88.0％になったそうだ。(『週刊ホテルレストラン』調べ)

特にコンベンション参加者は14.3%増の380万人に達し、増床を計画している。
それぞれスケールこそ違え、活性化や再開発のヒントに大いに参考になる。

都市部と観光地では誘客戦略は異なるが、航空路、空港、玄関都市の観光、鉄道または、観光バス・道路、宿泊施設（目的別）、観光・レジャー、ショッピング施設等総合的インフラの整備と情報ネットワーキングが急務であることには変わりない。

21世紀は地球観光の時代と声高らかに唱える世界情勢に対して、構造不況にあえぐわが国の旅館・ホテル業界は、「それどころではない」などと即断せず、海外からの入国者数を睨みつつ冷静に考察すべきである。
21世紀のためのマーケティング戦略をジックリ考えてみよう。

国際観光振興会の調査によると、99年度における外国人入国者は443万863人に達している。
前年に比べ、入国者数でみると、8.1%増加している。
増加の理由は、経済の回復などにより、タイ、マレーシア、シンガポールなど、東南アジア諸国からの入国客数が増加し、米国、オーストラリア、ヨーロッパも堅調に増加している。
特に東南アジアなど上位だけでも、次のとおりの来訪者があって、決して無視できないマーケットになっていることに着目したい。

99年度1位、韓国94万2千人に続いて、台湾93万1千人、アメリカ69万7千人、中国29万4千人、香港（英国BNO旅券）25万2千人、イギリス18万2千人、オーストラリア13万5千人、カナダ10万9千人、フィリピン9万3千人、10位ドイツ8万7千人、と上位10カ国だけで372万5千人も来日している。

以上の数値をみて、海外マーケットに関心のなかった旅館・ホテルは、どのように将来をとらえるべきか。
個々の旅館・ホテルにとって、経営ポリシーと営業戦略は密接にかかわるが、21世紀、国内市場の将来を展望した時に、ほんとうに海外市場を無視

できるだろうか。

　特に21世紀初頭には、IT関連技術者不足もあり、欧米はもとより、インド、韓国、中国など東南アジアからも、IT関連技術者を中心に長期に滞在、労働する外国人の入国者数が大幅に増加する見込みである。
　従来の短期観光旅行者のみならず日本定住型の外国人、リゾート客の増加も大きく期待できる。
　さらに進むグローバル化(国際化)によって、国境はあたかも、自由に往来できる国内の鉄道や自動車網で結ばれた県境と同じように感覚される。
　パスポートも単なる本人の国際身分証明書になって、恐らくビザの発給も、もっと制限が緩和され、少しだけ遠い国内という延長気分でリゾートライフをお互いに、楽しむようになることだけは間違いない。

　今、日本人の少し旅なれた人々が、グアム、サイパンやハワイなどへ、まさに「癒し」のリゾートライフを求めて日本を脱出している姿を見るに、将来は、受け入れ体制の整備によって、お互いに「くつろげる」リゾートを提供しあえるようになり、ますます発展していくものと思われる。

旅館・ホテルでの顧客の過ごし方の変化

チェック・イン、アウトタイムのニーズへの対応
　リゾートの旅館・ホテルのチェックイン・チェックアウトタイムは、16時〜翌10時または11時が一般的である。都市ホテルは12時〜翌12時、ビジネスホテルは14時〜翌10時または11時、かなり以前からそれぞれ定番のようになっている。
　よく理由を訊ねると意外にも明確な根拠がないことがわかる。
　いつの間にか業界の慣習に合わせて設定された感がある。
　それに合わせて、サービス体制を組み立てていくという例がほとんどである。

　基本的に顧客の需要を喚起しようという姿勢があれば、考え方は様々なはずだ。

コンビニエンスストアの便利さ、あるいは24時間ハブ空港の必要性、パソコンの家庭への普及、インターネット、チャットの日常化などを考慮すると、21世紀は地球上至る所でビジネスも生活も24時間社会になっていくことは、明らかな現象である。

　最近、欧米を始め、コンピュータシステムの発達した大手企業は、在宅勤務と称して、自宅でパソコンを武器に、従来の会社のデスクワークを行うようになってきた。
　昔、川端康成や太宰治など有名作家は、良い仕事をするために温泉宿に泊まりこんで仕事をしたことは有名で、誰しも知っている。

　21世紀は、エリートビジネスマンがアイデアを捻るため、ホテルのサービスを受けながらゆったりと仕事をこなすようになるかもしれない。
　リゾート旅館で、気分転換しながら一定の時間、ノートパソコンを片手に仕事をこなすことは、特に有力な研究開発などの構想を練るために研究スタッフにとってもビジネスマンにとっても、自宅で、温泉で、場所を問わず仕事ができるようになることは夢ではない。

　夜はゆっくり温泉に入るなど、マルチな働き方が出来るような時代が到来する可能性を想像してみたい。
　そんな時、チェックイン・アウトの時間は、ホテル並の12時～翌12時になる可能性もある。
　都心のラブホテル、プチホテルなど、チェックインの早朝割引があり、朝風呂入浴が出来る時代である。
　まして、デイユース（日帰り休憩）など大昔からの知恵である。
　都市ホテルも、事務所代わりに使える「デイ・ユースプラン」、「レイトチェックインサービス（お茶漬け付）」、友達とゆっくり週末を過ごす「金曜日のレディースプラン」など需要の喚起が始まっており、隙間商品としては意外と人気がある。

　テニス・プール・ヘルスクラブとエステティック美容、ヘルシー料理、カルチャー教室など、インからアウトまで24時間存分に都心の一流ホテルで過ごす新しいリゾートライフも人気になりつつある。

第8章 顧客市場の変化と販売ネットワーキング

　X'masイブ、大人のビジネスマンが都心のバーやクラブから消えた今、イブの都市ホテルを若い男女のカップルが、まるでカラオケボックスでも楽しむかのようにかっこよく利用する。かつてはハネムーンでたった一度だけ体験できたような豪華なホテルライフを。

　大自然や、観光資源には乏しいが、往復の時間と交通費や雑費を必要としない分、豪華で、贅沢に一流のサービスを受けながら過ごす一日は、格別のリラックス感を満足できるからである。
　都市ホテルでのリゾートライフの動向を見ると、リゾート観光地は、うかうかしておれない。泊って食事をして、温泉に入る、ただそれだけではいけない。

　そんな顧客ニーズの変化の中で、リゾートの旅館・ホテルの役割はさらに多彩に広がっている。

　観光白書（99年6月）で見ると、3日以上の連休が増えた場合の余暇の過ごし方では、宿泊旅行に行きたいが47.6％で、断然1位。次が、趣味・娯楽、(22.2％)のんびり、日帰り行楽、友人の交際、TV、新聞、家族の団欒、ドライブ、飲食・買い物、軽スポーツの順位である。
　よく見ると、10位まで真に顧客の願望にある姿は、実は全ての分野でリゾート旅館・ホテルが提供できるサービスである。
　たとえば、新聞TVだって、新聞・TVもないリラックスもあるが、その行為そのものでリラックスしたい気持ちがあることを忘れてはいけない。
　旅館での過ごし方の全てではないが、現在、朝刊が客室に配達される旅館がどれほどあるだろうか、もちろん有料でもよい、その対応ができるだろうか。

　TVは、多チャンネルまで望まないにしても、良い画面、良い音響で提供できているか。
　近い将来、パーフェクTVや多彩なビデオ・オン・デマンドに対応できるか。TVのデジタル化を迎えて、いよいよ双方向TVの時代になる。
　インターネットで新しい映画や音楽を楽しめる時代の対応は？　というようなことを、旅館・ホテル側の事情のみで判断されていないだろうか。

特に趣味・娯楽スポーツは、健康的にも精神的にも、非常に重要視されるようになっていて、その中身のうち、数え上げれば限りがないので省略するが、いくつかを提供できる場所と環境が、すでに旅館・ホテルに備わっている場合が意外にも多いことを認識すべきだ。

　それらのニーズをとらえた各旅館・ホテルに都市ホテル同様24時間体制を！　とはいわない。
　経営環境にもよるが、それぞれ顧客の利用目的とニーズに合わせて、チェックイン・アウトの時間変更を柔軟に行えることも変革への大事な第一歩だ。

　利用客に買っていただける「時間」と「設備・料理・サービスの値打ち」が、トータルして明解な宿泊料金となれば、価値観が市場ニーズと一致して、業界も新たに発展し続ける。

第9章

新たな顧客市場の創造と販売革新

新たな顧客市場の創造と販売革新

「千客万来」は昔の言葉になってしまった？
　今や、個人・家庭・小グループ単位の顧客の新規創造と再来の客、すなわちお得意様（常連客）の増大が命題になった。
　特に、高度成長期に団体市場に育まれた団体向きの施設・サービス体制のまま、運営体制の転換ができない旅館・ホテルなどは共通して、客層の転換を図りたくともなかなかターゲットが絞れないのが現実だ。

　しかし、もっとも大変なことは、団体客誘致のマーケティングと個人客、家族客のマーケティングが大きく異なることである。
　団体マーケットは、旅行代理店の団体旅行担当や、企業、諸団体の事務局など開拓ルートがある程度見えたわけで、多少なりともそれがキッカケで、個人客の開拓につながることもないではない。

　個人客は、家族世帯単位でみても2000年現在約4,400万世帯になり、2014年にはピークを向かえ4,900万世帯になるであろうといわれているほど大きな市場である。
　個人単位では、まさに総人口１億２千６百万人が対象となって、大企業の宣伝・広報力（宣伝費規模）ならともかく、とてつもない市場をとらえる手法と資金力が必要になってくる。
　したがって、バクゼンと全体をとらえていては、非効率であるし、また結果的には何もできない。

マーケティング戦略のポイント

　よくいわれるように、マーケティングの重要なポイントは、商品に合わせて、客層を絞り込むことである。（客層に合わせて商品化を図るなど逆のこともいえる）
　ある程度、見込みの高い一定のエリア、あるいは交通網の沿線（鉄道、バス、

自動車道、飛行機、船舶なども含む)エリアなどに思い切って絞り込むことで、個人客開拓と取り込む新しいマーケティング戦略を図らなければならない。

誰しも考えたい企画対策は、
1.オフシーズン対策　2.平日対策　3.日帰り客対策　4.女性客対策　5.滞在客対策　6.グループ対策　7.一人客企画　8.高齢者対策　9.身障者対策　10.法事客など未開拓客などであろうが、具体的に顧客に買い求めてもらえる商品企画力が真の勝負となる。

しかし、1~5などは旅館・ホテルの諸先輩が何十年も前から取り組んでいる部分だと思う。

それぞれの旅館・ホテルの弱いところばかりを強化することより、むしろ、強い商品をさらに強力な商品に改良する方が、的確で強力な武器となるのではないだろうか。
最も売りやすい強い商品をハイシーズンから徹底的に売り直すことも明解な販売改革の第一歩だ。

そこから新たに顧客の満足を追求しながら、継続して一つずつ着実に企画商品を送り出していく方法も一つの販売改革推進力である。

直販体制の強化と旅行代理店の共生!

そうして生まれた魅力ある商品の販路も、代理店にのみ頼るのではなく多彩な直販体制を構築することが急務である。
従来、どちらかというと大手エージェントの商品企画力と送客力に頼り過ぎだった旅館・ホテル業界は、団体・職場旅行市場の激減(但し、新しい趣味や、同好、同業、異業種交流、情報交換、横社会の開拓で、若干盛り返してきたところもある)と、家族・個人客の増加に伴って、提携商品化の増強を図っているが、今のところ代理店送客実績は伸び悩んでいる。
最大手のJTBですら、99年度の宿泊券販売額は前年比10.8%の減少になった。

近畿日本ツーリスト、日本旅行など大手も、中小代理店もおしなべて国内旅行関係は低迷をしている。

　情報の多様化に伴い、直手配体制が整うと、顧客の立場から見れば、知りたい情報さえ手元にあれば、予約、手配などは直接できるようになった。
　しかし、自分で予約をすれば代理店手数料分くらい安くならないものかと考える傾向もある。

　もし、旅館・ホテルが個人客市場のシステムニーズ（予約・手配方法の多様化など）に応えようとするのであれば、まず自らの旅館・ホテルのニュースレリースを常に整備しておかなければならない。
　旅館・ホテルも大・小なりに自ら情報の発信源になっていく、いわゆる企画力・情報発信力を育成していかなければならない。

　直接情報が足りない、手配力が足りないなど、足りない部分を補うために顧客は旅行代理店に行く場合が多く、顧客にとって旅行代理店は必要なのである。
　決して、直販体制だけが顧客のためのすべてではない。
　なぜならば、顧客のニーズは簡単に拾いきれないくらい多様化している。
　顧客が旅行するために必要な情報は、宿泊施設内部の情報だけではない。
　目的地を選択するために、交通をはじめ旅程表のコースに係わるすべての関連情報がわかりやすく、身近に、スピーディに提供される必要がある。
　旅館・ホテルも旅行代理店、関連業界なども、それぞれの能力に応じた役割を積極的に果たし、相乗効果の上がる協調型産業になることが重要かと思われる。

　エージェント（旅行代理店）の販売網も情報も進化している。特にJTBなどは、地域密着型トラベランドの拡充で直営700店舗、JTB看板を持つ特約店を入れて1,600店舗。2000年新たにセブン・イレブン全国8,000店と提携し、コンビニ提携窓口は22,000店舗となった。
　更に、IT網による95,000人の顧客会員組織などの複合提携による顧客ネットワークは、これからも旅館・ホテル業界にとって、大きな対応・戦略対象となる。また、JTBの「90点以上の宿」に代表される宿泊施設への客観的な評価、利用者の希望の複数条件、同時検索による宿泊施設選択などは、旅行

会社ならではの利用者サービスだ。また早くから、新しい個人客対策の情報網(『るるぶ』などガイドブックの充実、インターネット情報・手配網の充実)を築き、常に旅行情報の発信源であり続けるJTB、近畿日本ツーリスト、日本旅行、阪急交通社、東急観光、京王観光などはさらにその情報提供網を拡充している。

　当初から直販体制を築きあげた都市ホテル・ビジネスホテルなどは、直販比率100~80%だ。
　特に都市部にあるため、支店など出先機関を通じて、エージェント情報に比べ情報が詳細・正確なためむしろ安心感があり、当然10~30%の割引を受けられる法人契約などを先行させたためだ。

　これからは、情報の提供の仕方次第で観光客はエージェント依存型から直接顧客型に代わっていく時代でもある。
　ただし、エージェント無用論と勘違いしてはいけない。
　企画力、直販能力、情報発信能力を身につけて、圧倒的に顧客の指示を得られれば、大げさにいえばエージェントも手数料を下げても送客してもらえる需給・共存共栄関係であるはずだ。

　21世紀、旅館・ホテルと旅行代理店の共生への道が、旅館・ホテル業界のますますの発展への道であることは確かだ。

<h3 style="text-align:center">活用したい！　マスメディア戦略</h3>

　以上のような背景の中で、販売戦略上もっとも遅れている、あるいはどちらかといえば弱い部分と思える宣伝・広報について述べてみたい。

　旅館・ホテルは建物・サービスが広告塔であり、せいぜいパンフレットくらい用意する程度で、基本的には口コミを頼りに宣伝するのが長い歴史の教訓のようになっているところもある。

これからの時代、自らが情報発信源になるために企画力を強化し、もっと積極的にマスメディアの活用を研究する必要もある。

媒体広告は広告費用対効果から、手が出せなかったわけだが、個性的商品・ニュース性など情報発信能力次第では、PR有効媒体も無限だ。
もう一度見直してみよう。

主な媒体を挙げてみると
1.TV番組(いい旅夢気分、旅サラダなども)、2.ラジオ番組、3.旅行ガイドブック、4.旅館・ホテル案内 パンフレット、5.旅行誌(るるぶ、ムック、マップル他)、6.新聞(レジャー欄特にスポーツ紙などは詳細)、7.月刊誌・週刊誌、8.DM、9.公的機関(観光協会、組合など)、10.個別提携共同宣伝(リファーラルなど)を活用するノウハウを確立することだ。

航空、鉄道、船、バス、レンタカーなどそれぞれ交通機関も直販体制強化が進む中、それら交通機関にいかに便乗しながらネットワークするか、地域ディストネーションを総合的にネットした戦略化も必要だ。

今後、インターネット・ホームページ(ウェブ・サイト)がIT時代の販売手段で大きな主流になることは誰しも疑いない。
発信する情報の中身により、顧客に直結したネットであるがゆえ、瞬時に選択される。イメージや内容も画面のデザインセンスによっては、顧客の好みで、知らないうちに否決されている場合もある。単にインターネットに繋げばそれだけで直販体制強化になるとはいえない。

また、インターネットは今のところ、主としてパソコンの機能の一部として活用されているため、若干操作性の問題等で、旅館・ホテル業界がもっとも期待する中高年顧客層には、まだあまり反応がない。
しかし、パソコンを使える20~40代を客層にする旅館・ホテルは、インターネットでの予約が大きく増加し始めていることは確かだ。

携帯電話iモードか、PHSで、もっと簡単にインターネットの情報検索や予約ができるようになった。

第 9 章　新たな顧客市場の創造と販売革新

　携帯電話で旅館・ホテルのホームページから情報を検索し、パンフレットと同等以上に週代わり日替わりでビジュアル情報が得られ、的確に選択され、直接予約・手配と回答が得られるようになる。
　次は、携帯電話端末とインターネットの接続の時代。
　当日予約体制も大きな課題になる。

　また、さらにTVの双方向化、ビデオ・オン・デマンドなどが改良され、家庭のTV画面を通じて誰でも24時間、情報検索や予約ができるようになることが予測される。
　時代に即応した販売ネットを構築できるような、柔軟性のある経営体質に変革しておかなければならない。

　問題は、どんな手段でも、自ら発信する旅館・ホテルの情報を顧客から検索してもらえるような商品企画力を備えること。その対応のスピードが問われるということだ。

　今や有名な大企業ほど宣伝・広報能力の強化と直販(提携も含む)体制強化に取り組んでいる時代。
　宣伝・広報能力が強いから有名で強力な企業になったともいえるが、旅館・ホテルはPR能力が一番遅れた業界かもしれない。

　お金があるから出来る、出来ないではなく、世界的に情報化の時代。
　手渡しのパンフレットとチラシだけでなく、旅館・ホテル自ら情報の発信を広角にしなければならない時代だ。

　IT時代の到来により、繊細一隅のチャンスともいえる革新の大きなきっかけがもたらされようとしている。
　実際にあなたの旅館・ホテルも、今すぐ、世界中へ情報発信できるわけで、どの国から顧客を迎えたいのか。しっかりとマーケティング戦略を建てる必要がある。
　しかも、広告宣伝費(媒体料)対効果もリスキーと恐れてはいけない。
　集客効果も大事だが、自らの旅館・ホテルの商品価値をもっと的確に市場に広報することも市場顧客に対する義務のようになる時代だ。

最近、さかんにいわれる一種の情報開示義務に似ている。

　集客にはそれなりの販売ステップが必要だ。その原資も、宣伝費は総売上比1％程度が常識だったが、エージェント手数料が何と総売上比3％から、多い旅館ホテルでは10％にもなる場合もあり、その戦略転換は決断次第で可能だ。
　個人客時代の到来と直販体制の強化、個々の旅館・ホテルのマーケットバランスの確立は決断次第で将来を決める。

第10章

リノベーションはイノベーション！

リノベーションはイノベーション・・・改修は経営革新！

　もっと利益を出してから！　今はお金がない！　もう少し我慢しよう！まだ、大丈夫！
　だから補修も内改装も出来ない！　しない！・・・、その無計画さが旅館・ホテルを駄目にする。

　清潔に！　小奇麗に！　より美しく！　より便利に！　より快適に！　そしてより安全に・・・・！
　旅館・ホテルの顧客に対する設備の維持管理・改善サービスのあり方は、大変重要な問題だ。

　最近いわれている、プロパティマネジメントのシステム原点だ。
　資産価値の保全は、そのオペレーションとメンテナンスのレベル次第で大きく評価が左右されることは、誰でも理解できるはずだ。
　現場では、各々が、出来るだけの努力をして清掃・整備、維持管理に努め、気持ちよくお客さまをもてなそうと心掛けてはいるのは当然だ。
　同時に商品の柱になる設備資産を大切に守るという姿勢も必要である。

　大勢の人々の利用、あるいは従業員の作業中、不注意によって先ほどまでキチンとしていたものが傷ついたり、汚れたりすることは日常茶飯事である。
　小さなダメージをどう扱うかで、メンテナンスの成果は決まることになる。
　小さなダメージの積み重ねが大きなダメージを生むことになる一番の原因だ。
　清潔に、小奇麗に、より美しくするために、例えば、破れた障子や襖を絵草子などで花びらや切り絵を切り抜いて応急処置をしている場合でも、とても心温かくなるもてなしに感じられることもある。
　壊れたものを、一瞬たりとも不快感を与えないように、ノティスを配慮し、つぶさに危険のないよう応急処置をしたものなど取り替えるまでの間が、プロの対処である。
　この精神を大切にしなくてはならない。

　何もすぐ、新しいものに取り替えたりすることはない。

第10章 リノベーションはイノベーション！

　消費経済に浮かれて、使い捨て時代に洗脳されかけた社会もバブル崩壊後、資源保護(エコロジー)、リサイクルなど、物を大切にする心がよみがえりつつあることは大事なことだ。
　しかし、サービス消耗品は別にして、重要なことは、そんなに頻繁に応急処置を繰り返すような設備や機能が、その都度、顧客に不快感を与えているのなら、ただ、大掛かりに取り替えても、また同じことを繰り返すことになり、それではあまりに知恵がない。

　そのような設備や物を、いち早く問題視して、新しい素材、新しい技術などの研究により、抜本的な対策、改善に取り組む姿勢がリノベーションの大きな改善効果を上げるポイントになる。

　また、顧客ニーズの変化や、市場にアプローチする設備の魅力づくりは、特に欠かせない。
　ましてや、職場はともかく、住居でもなかなか得られない、「くつろぎ」「やすらぎ」の他、できれば住宅水準以上のゆったりとした、豪華さまでは要求しないが、優雅さくらいは欲しいものである。

　常に、顧客の住宅環境も変わっている。
　ベッドルーム、バスルーム、TV音響など少なくても、スペースこそ差があるが、機能的で便利になっていることだけは確かだ。
　ウォシュレットなどは、よい例であるが、全体に普及してくると生活習慣の一部になっており、旅館・ホテルに行って昔型のトイレは悪くないが、それで育った子供たちにはすでに不快感を与えることを忘れてはいけない。
　したがって、常に、より便利に！　より快適に！　より安全に！　より喜んでもらえる施設！　を改善・提供することこそリノベーションの最も重要なポイントであることをここで確認しておくべきである。
　この改善テーマこそ、永遠の課題である。

　常に、時代の変化に対応し、顧客のニーズを的確にキャッチし、旅館・ホテルの経営環境に合わせて、決断・実行をしなければならないことは、経営者にとって最も資質を問われる重要なポイントだ。
　だからこそ、貴重な再投資資金は長期計画に基づいている必要があり、ま

た、長期経営収支計画と補修・改修(リノベーション)計画をいかに重要視しなければならないかが理解されるはずだ。

　最近は先が読めないので、中・長期3ヵ年計画が精一杯といったところで、目先の補修(リペア)を組み込めればまだよい方だ。

　昔から、2代3代以上続いた老舗には、開業計画書なるものも、資料なるものもないかもしれない。少なくとも、金融機関から融資を受けて、開業した旅館・ホテルは、長期20年計画あるいはそれ以上超長期の収支計画を作成、提出した覚えがあるだろう。

　その時、長期経営収支計画の重要な常識として、修繕費・改装費なるものを、一定水準で計上し、特に5年ごと、10年ごとの節目では、かなり大規模なリノベーション計画を織り込んだはずではなかったか。

　大半の旅館・ホテルは、客観的に見て、次のような経過で失敗した例が多い。

　旅館・ホテルの長期事業収支計画は、20年以上とあまりに長すぎることもあって、最初の2~3年で、実績が見えると、黒字転換が最優先になる。修正計画になった時は、中・長期(3~5年)に切り替わり、利益(黒字転換)重視の損益計画になって、修繕計画や、特にリノベーション計画はどんどん先送りされるのが実態である。

　その理由は、もともと単年度黒字転換に平均7~8年も掛かるため、長期運転資金計画のないところは、4~5年で内装の傷みが出始める大切な時期に、一番資金繰りが厳しくなり、なかなか補修・改修まで手がまわらないことがあるからだ。

　皮肉にも、内装・設備・備品等減価償却3~8年で耐用年数が過ぎ、減価償却の損金計上がかなり減少してくる頃、その分が黒字になってくる勘定だ。

　もちろん、計画的な収入増加によって、バランスがよくなることが黒字転換の重要要因であることには変わりない。

　また、僅かでも黒字転換すると、よほど傷みが激しいところはまだしも、少々の傷みであれば目をつぶり、もっと業績を上げて利益を上げたいと思うようになる。

　利益の余剰で、修繕費を捻出しようという経営者論理が多く、いつの間にか補修限界を超えて劣化が激しくなり、悪循環にはまる例が最も多い。

欧米のホテルは収支計画と決算において、最低限度補修に関する引当金（RESERVED ACCOUNT：売上の2~5%）を計上し，実際に積み立を行う。

特に資本と経営の分離によって運営受託契約のあるホテルは、責任の明確な契約により、20年契約の当初から、一般補修は毎年最低額を予算化、4~5年ごとにソフトファーニッシング（カーペット、カーテンなど）。8~10年ごとに、ハードファーニッシング（家具類など）の他、市場変化に対応したリノベーションを計画的に予算化実施している場合がほとんどである。20年経過したホテルのメンテナンスを比較すると、前述の例とは比較にならない資産価値の保全度である。

運営受託契約にも、オーナーから受託したオペレーターの資産保全義務は明確で、しかもホテル内に営繕係を雇用し、日常管理を重視した運営管理によって、長期間、資産価値が高いレベルで保全される。

次に、旅館・ホテルを本業とするか、副業とするか、で大きく補修・改修計画は変わる。

当然、本業であれば、営業が成り立たないと経営者も社員も明日の生活に係わるから、自ら設備資産の維持・保全に真剣だ。

たとえ経常利益が赤字でも、償却前利益を維持する接点で商品価値の保全に努める。

しかし、大手企業や資本家などが、副業的に創設した、直営（系列含む）ホテルなどは、儲かって資金に余裕があれば問題ないが、損益ギリギリでは、補修・改修など維持管理が難しい。

創業時は本社決定の経緯から、関心が高いものの、前述のごとく、単年度黒字転換すら最短7~8年は掛かる超長期事業なので、その途中から、担当役員、担当部署などが大きく変わっってしまうこともあり、経営者の関心の度合いも変わってくる。

設立事情はさておいて、よほど儲かっていない限り、任期中の利益確保のみが目標とされることになる。

そんな場面では、長期補修改修計画などは完全に無視されることになることが多い。

リノベーションの機会を逸した旅館・ホテルは、更に営業上、悪循環の要素を増やし、現場のオペレーションスタッフのみが苦労を強いられるようなことが多く、挙句の果てにお荷物扱いで閉鎖される例もある。
　だが、オペレーションスタッフの責任以上に、投資家・経営者の責任はもっと大きいはずである。

　個々の経営事情、物件事情、資金事情、人材事情など、それぞれの歴史や経営環境は異なるだろうが、旅館・ホテルにとっては、設備・料理・サービスが商品3原則である。

　第一順位にある建物・設備は電気・空調機能に至るまで、全て商品そのものだ。
　周りを取り巻く美しい水、光、緑、空気、そういう環境も全てが大切な商品だ。

　このことの意味を認識し、装置産業の特性を充分理解してこそ、真に顧客のための旅館・ホテル経営を担う資格があるといえるのかもしれない。

　しかし、そうでなくて、傷んだ設備、ニーズに適わない機能など、不便に気づいていながら平気で営業しているとしたら、たとえ清潔、安全の確保にのみ努力していても営業に限度がある。
　いくら料金を安くしても顧客に対して失礼だということを忘れてはならない。
　旅館・ホテルの経営事情を顧客に決して押し付けてはいけない。

　今日、完全に顧客本位・顧客第一主義の経営に変革する時代になったことで、リノベーションの実施能力は、最も大きな経営革新のブレークスルー(突破口)になることだけは疑いない。

リノベーションは、攻撃のための再投資

　リノベーションは、攻撃のための再投資で、守りのためだけではない。
　東京ディズニーランドのように、毎年少なくとも一つ以上のテーマ・アト

ラクション館が造り変えられ、新しい話題とインパクトを提供するように、とはいかないだろうが、全館大改装のような大掛かりなリノベーションでなくとも、計画的に一部ずつ、こつこつと改良して、常に新鮮さを提供しつつ、全体では、いつも小奇麗に保つという器用さこそプロのメンテナンスといえるところだ。

　もちろん、改造ばかりではなく、何十年、何百年と黒光りするくらい磨いては使い込まれ、馴染んだ魅力もある。企業として旅館・ホテルを経営する以上、市場の変化、顧客ニーズの変化には敏感に対応して、特に便利な機能などは常に変換できる柔軟性が必要である。
　計画的に設備再投資を続けられる経営能力が求められる。

　耐久消費財、衣類・食材・日用品など、物品の販売店と購買形態の変化と店舗リノベーションをみても大変参考になる。

　戦後数十年、デパート、スーパー、コンビニ、百円ショップ、専門店など新業態開発により顧客のニーズの変化にマッチして合理的なアウトレットが選択されるようになった。
　何でも買えるはずのデパートも、家電は秋葉原を始め大型専門販売店に、カメラ、時計、宝石なども専門量販店(但し、一部超高級品はデパート、あるいは高級専門店)に寡占化され、新宿三越南館を大塚家具に任せたことなど典型的である。
　特に価格競争に立ち遅れて、今やデパートは高級ファッションや個性化ファッションの大型特化店になるケハイさえあり、将来を模索している。

　販売店の業態、形態がどんどん多彩になり、これから何が一番成長するかを断定することはできない。
　大型旅館・ホテルの老舗には、これに似たような経営環境の変化が表れているのではないだろうか。
　しかし、少なくとも、購買の目的により、使い分け可能な機能が、ますますより便利に、より専門的に分化されていくことだけは疑いない。
　したがって常に、新しいニーズに合った新業態アウトレットの研究開発が必要になっている。

旅館・ホテルについても同じようにとらえてみるとよくわかる。

これからの新しい時代、果たして、各旅館・ホテルが、顧客のニーズに的確に対応できる個性的な特徴や魅力を有していけるだろうか。

多角経営の経営資本力のある大手旅館・ホテルは多種類のアウトレットを同時に経営するだけの体力をもっているが、そうではない中小旅館・ホテルは物販業界でいえば専門店、いわゆる特化型を見極めることも大きなポイントになってきている。

特に、大型旅館・ホテルについていえば、団体客に・宴会・二次会・お土産まで売ってきたデパート・スーパー型旅館・ホテルの市場が急速に減少する傾向にある。

団体・個人・家族、若年から高年まで何でも扱う従来型旅館は個性化を失って、顧客満足が難しくなっているのも実態だ。

これからの旅館・ホテルは、顧客のニーズに対して個性的なブランドを持つ専門店としての接点を見いだしていく傾向が強い。

利用形態においては、客室タイプの選択、露天風呂の有無、更には個室温泉の希望、食事メニューのチョイスなど求められている。

最近は泊・食分離希望などが結構事前の選択肢としてキーポイントにもなっている。

その他、ペットを同行宿できるか、滞在中、観光レジャーの際、乳・幼児の託児所があるかなど、枚挙にいとまがない。

市場の変化をとらえて、どの部分のニーズに絞って的確に対応できるか、また選りすぐれた専門的なサービスを提供できるかがキーポイントになってきたということだ。

海外旅行が団体から個人・小グループへ、パッケージ商品の隆盛から、AIR、HOTELの分離販売、今やホールセラーが「パーツ商品」の販売をする時代に変わった。

国内旅行もJR／航空会社のパッケージツアーのあり方やバスツアーですら、顧客の拘束感を解き、自由性を重視して、目的を達するための利便性を

優先している。
　団体料金を活用した格安料金など顧客が必要なメリットのみを選別して提供している。

　シティホテルは基本的に、宿泊、料飲、宴会、その他と館内・外にあるアウトレットを客の好みで使い分けできる。すでに、いわゆるパーツ販売方式だ。

　特にビジネスホテルでは、朝食はともかく、夕食はほとんど市内の飲食専門店に顧客が出掛けている。
　これは顧客にとって魅力がない（好みのメニューがない、特に価格が高い）ことと、近隣にももっと良い専門飲食店が多くあり、営業時間も長く、遅くまで営業していて便利であるからだ。
　最近、朝食ですら、高いホテルの朝食を避け、クイックレストランで済ませる傾向にある。
　もちろん、ホテルでも魅力ある飲食サービスを安く提供さえできれば、何の問題もないはずだ。

　もし出来ないならば、専門業者に外注するか、喫茶店のモーニングサービス程度でもよいから、無料サービスに切り替えるのも、顧客に納得してもらえる解決方法かもしれない。
　割り切って、便利のよい、強いものだけを販売するというものだ。

　観光地の旅館・ホテルは１泊２食付料金が基本で、いわゆるパッケージ料金のみがいまだ多い。
　特に、観光地では、顧客利用の季節・日時変動が激しく、食事売上を含めて総客単価を上げないと客室係を抱える接客システムでは採算が取れないことが大きな理由と思われる。
　そして設計上、食事の部屋出しを前提にしたため、レストラン施設を持たない旅館が多いのもその理由だ。

　レストラン設備を持ち、かつ合理化方針を決断した旅館では、泊・食分離を取り入れた所も増えてきて、今のところ利用目的により夜遅い到着などで、１泊朝食付は合理性が受けている。
　しかし問題は旅館・ホテル側の事情ではなく、顧客のニーズで選択されて

いるかどうかがポイントだ。
　それぞれのタイプ別で述べた理由は、それぞれ、強みも弱みもあるという理由からである。
　客室を基本事業にして、食事その他の提供の仕方と、施設のあり方は、形式にこだわらないで、明解に分析し直す必要があるということだ。

　以上から、旅館・ホテルを、宿泊、飲食・バー、温泉大浴場、売店付帯とそれぞれ独立採算の専門店として、抜本的に徹底分析すると、旅館・ホテル本来の設計概念まで変えることになるかも知れないような問題が数多くあることがわかる。

　今までは、玄関を一つにして、一旦宿泊した客は、宿泊・宴会・料飲・売店・温泉・付帯など一歩も館外に出さないで稼ぐ貪欲な考え方が大きくあったが、オールインワンだとしても、中途半端がいちばんよくない。

　改めて"玄関はなぜ一つか？"など根本的に問い直すことも必要だ。
　優れた施設や商品は外来の呼び込める直接導線があって、何が問題か。
　アウトレットとして売上効果が上がり、しかも地域観光客への寄与が倍増するはずだ。
　更に宿泊客の優遇策（外来との差別待遇）も演出できる。
　また、町に名産品などの優れたものがあれば、提携して取り入れるか、顧客が外出して求めやすくするなど、サービスの着眼点を変えてみると、新たな旅館・ホテルの業態改革が生まれる可能性がある。
　競合店にない特徴的な施設を造ることも大切なポイント。外来を取り込めるアウトレット設計が、最も大きな改革ポイントかもしれない。

　人気がある草津温泉などの温泉手形による顧客の各旅館の自由な温泉めぐりや、那須サンバレーのように64種の入りきれない温泉施設は、まさに外来パブリック導線の重視を物語っている。
　お互いに、導線を開放、連結することにより、相乗効果により多くの顧客を呼び込んでいる。

　地域が縄張り争いを超えて、業務提携、技術提携に目覚めた時は、革新的

なリノベーションが可能かもしれない。

　現時点では、夢かもしれないが、公共インフラの支援とともに、観光地全体で団結して「**エリア・リノベーション**」に取り組めれば、完全に活性化され、将来の観光地をリードすることになるだろう。

第11章

営業形態と、設計概念の変革

営業形態と、設計概念の変革

旅館・ホテルの玄関はなぜ一つか
　プラザといわれる大型都市ホテルは「都市の中の町」だ。
　そこには生活のためのほとんどの利便が備わっている。
　玄関ロビーは大きなパブリックといわれ、まるで街としての多彩な機能を持つ。ホテルの利用客ばかりでなく、お金を使わない待ち合わせの人まで、自然に人の往来を生み、その中にロビーラウンジがあり、ショッピングアーケードがあり、郵便局、旅行代理店、理容・美容院、エステ、プール、テニスコート、ヘルスクラブ、診療室もある。

　コンシェルジェや総合案内所があり、安全管理、設備管理の専門部署もあって、役所、警察、消防署こそないが、生活の場としての役割を果たし、小さな町を形成している。
　その往来に応じて、宿泊施設、レストラン・バーが配置されている。

　客室はプライバシーを確保し、その中で生活（滞在）に必要な飲食などは館内という町にある多彩なレストラン・バーへ買いに行く。
　ルームサービスを利用すれば、客室内で食事がとれる。
　自宅での便利な出前に相当する。
　飲食以外でも大半のものは、外部からでさえ調達して、デリバリーしてくれる。

　一流といわれるホテルは、本当に優雅で、便利だ。
　まるで邸宅に一時的にお手伝いさんを雇って、近場の用事を足せるように、徹底したサービスが整備されていて、滞在中はキング（お客様は王様？）扱いをしてもらえるほど設備とサービスとの組み合わせが整っている。

　旅館・ホテルの建物・設備のあり方は、この設備とサービスポリシーの組み合わせを考慮して設計されなければならない。
　そのコンビネーションがよいホテルほど、優れたホテルとしての評価が高まる。例えば、ハウスドクターを配置できなくても、近隣の診療所あるいは救急病院などと提携しているのは当然だ。

第11章　営業形態と設計概念の変革

　万が一の急患時には、客室から担架を使って、サービスエレベータ等から、救急車停車場（新たに来館するお客様に失礼にならない正面玄関以外）までの導線を考えられているに越したことはない。
　自らの館内、町に備わるすべての機能設備が求められているわけではない。
　必要最小限度でよいはずだ。ポイントは町の優れたサービス機能が、できるだけホテルサービスにネットワークされた設計であるかどうかなのである。

　また、コンベンションや宴会場などは、車周りから、ロビー導線にいたるまで全て別々に運営されている。
　宿泊客のくつろぎと、宴会場等パブリックの混雑は当然ながら、導線は分離されていなければ顧客に対しての気配りは万全とはいえない。

　このような視点で建物・設備を点検すると、新たな設計上、改善すべき点も明瞭になってくる。

　一流ホテルの設計上の配慮など参考にすると、一見したところ、関係なさそうだが観光地の旅館・ホテルの設計改革にも大いに参考になるヒントがたくさんある。
　もちろん、シティホテルの特に宿泊部門にとっても、逆に観光地の旅館・ホテルの「くつろぎ・安らぎ」を見習うところが多くあることもつけ加えておく。

　外人客にも人気がある、ホテルオークラのゆったりしたロビー周りの和のデザインや東京ヒルトンホテルのエレベータ内装、客室内の遮光襖戸なども分かりやすいサンプルだ。
　最近、世界的に東洋の風水が人気を博しているようで、そこに世界中が「心の癒し」を求めている風潮を見て取るのもおそらく間違いではあるまい。

　最近、JTBのMOOKで、契約旅館・ホテル約7,000件に、実際に顧客が泊まって採点した75万通におよぶ宿泊アンケートを集計した"価値観を肌で感じた"『満足度90点以上の宿』という本が出された。
　どこかの主催団体やマスコミが主催する、特定のプロ（業界関係者）が選ぶ、「旅館・ホテルの日本一」などと違って、個人的には注目している。

そこで、あるサービス日本一で有名な北陸の有名旅館に、わざわざ、オフシーズン企画のいちばん安いパックで泊まってみた。総合的なサービスは優れていたと思うが、その安い"コマ客"の対応には、かなりチグハグがあった。
　建物・設備などは、大型なるがゆえに、導線や設備上の難点がいくつか感じられた。
　いろいろな客層を同じように満足させることは、ほんとうに難しいものだと思う。
　これは、団体客と個人客を混成するサービスシステムのもっとも難しい問題で、今後の旅館・ホテルの設計課題だということだ。
　その点、「満足度90点以上の宿」にみられる顧客の目は、ある意味では旅館にとって、大変厳しい選抜評価になっている。しかし逆に、重要な客観的参考資料でもあるはずだ。

　選ばれた主たるポイントは、圧倒的に料理、露天風呂、自然環境と居心地の良さなどである。
　リノベーションとサービスにも関係するので、その一部を特筆する。

「チョイスできる料理」の時代をうかがえる。
　人気のバイキングもポイントの一つに入るが、厨房の対応力も改善する必要がでている。
　眺めの良い露天風呂が、人気だ。
　これは、立地条件によるが、プライバシーの確保と、設計の妙によって、これからも大きなセールスポイントであり続ける。なぜなら、決して一般住宅では真似のできない「癒しの場所」だからだ。
　次にプラスアルファの魅力を選ぶと、ステキな体験、美しいものにふれるなどがポイント。
　たてしな藍「藍染め工房」、御宿・かわせみ「飯坂明治大正ガラス美術館」、湖山亭うぶや「リスニングコーナー」、あさば「能舞台」、堂ヶ島ニュー銀水「イズ・パラッツォ」、西村屋本館「書画、骨董など展示室」などが例に上がっている。
　都市型ホテルでは、スポーツやアロマテラピーをテーマに、プール、ジム、マッサージ、アロマテラピー、フィットネスセンターなどが、「癒し」の人気施設になっている。

第11章 営業形態と設計概念の変革

　以上、顧客が『満足度90以上の宿』で選んだポイントで、参考にしたいものだ。

　旅館・ホテルも収容能力により、それぞれ「館内の街」の機能を厳選して最低限度備えればよいわけで、そこで過ごす、長期・短期の滞在生活をするための機能がこれからの大きなサービス改善ポイントになる。

　観光地の旅館・ホテルも宿泊部門、料飲部門、宴会部門、売店部門、温泉その他レジャー施設部門と個別に事業性(部門別損益)を考え、しかも、立地環境と地域全体を前提にして、外来と宿泊客を区別し、各々玄関を別々にした独立店舗として見直してみる必要がある。
　しかる後、強いものから編成し直し、また、できれば弱いものを強化して、一軒の旅館・ホテルを再形成していくという進め方が、見直しの起点になるであろう。

　宿泊と部屋食のみの小旅館は、特化した売り物に絞って、そのイメージが第一印象になるよう玄関をデザインできれば望ましい。

　飲食の多様化に対応するため、料亭街の開発が進められているが、品川プリンスの東海道五十三次など回廊式に多彩な和食を揃え、調理場は中央(セントラルキッチン)で、全て賄うなど大胆な改革アイデアだ。

　温泉も露天風呂ブームをきっかけにニーズが多様化して、温泉浴場を数種類も設備するところが増えてきた。
　那須サンバレーのように64種類も設備して、一度では入りきれない楽しさで、リピータ獲得に成功している例もある。

　九州・日田に注目すべき設計コンセプトの旅館風近代ホテル「ホテル風早」がある。
　外観から建築デザインまで全て数寄屋風日本旅館であるが、フロントロビーから靴のままフローリング廊下を通り、カードキーの客室に入ると和洋折衷の日本的なバス付客室があり、新たな顧客好みである。
　また、レストランは別棟で、外来客を重視した表導線と宿泊客の利便を融合させた和洋折衷(酒蔵改造)を売り物にし、ラウンジバーはセルフサービス、自

己申告一人400円程度で、読書棚も備わり自由に過ごせるようになっている。
　設計上、別棟を組み合わせて、くつろぎと安らぎの演出に成功している。これからのリノベーションにとって大きなヒントになる例だ。

　これらのアイデア・ヒントはほんの小さなサンプルで、一例に過ぎない。
　リゾート旅館・ホテルはシティホテルから機能的な設計レイアウトの改革ポイントを学ぶならば、思いも寄らない斬新なアイデアが生まれるかもしれない。
　つけ加えておくが、逆にシティホテルも、もう一度、リゾートから「和のくつろぎと安らぎの設計コンセプト」を学び直してはどうだろうか。

リノベーションのチェックポイント

　ここでは業界における様々なアイデアと顧客に人気のポイントを拾ってみようと思う。しかし右に倣えばすぐ儲かるというものではないことも了解願いたい。
　各旅館・ホテルのマーケット特性と経営事情に合わせて、検討するためのヒントを整理してみるので「ヒラメキのための」参考にされたい。

リノベーションのチェックポイントを整理すると、次のようになる。
　営業効率の改善が第一だが、原点は顧客の満足にある。
　清潔に！　小綺麗に！　より美しく！　より便利に！　より快適に！　そしてより安全に…！

1. 顧客満足を第一に、顧客導線重視で、利用してもらいやすい場所に各施設がレイアウトされていること。
2. 顧客導線は、便利でわかりやすく、楽しく、サービス導線はできるだけ短距離で単純なこと。
3. 内装・家具・什器・備品などが環境・雰囲気と営業ポリシーにマッチしていること。
4. ＴＶ、照明・電気、電話、エアコン、時計、電子機器類など機能的にシン

プルで、便利なこと。
5. レイアウトやスペース配分等、将来、業態変更など改造しやすいこと。
6. 省エネ、省コスト、エコロジー、廃材の環境問題など配慮したものであること。
7. バリアフリーなど安全で人に優しい設計であること。
8. 第一にリノベーション費用は少ないほどよいが、第二には耐久性とメンテナンスもしやすいことなど材質・機能重視であること。
9. できれば、古くなるほど味が出る素材であれば一層望ましい。
10. 防犯、防災(耐震等)、防火、安全、衛生対策に優れていること。

リノベーションの着眼点(部門別切り口リスト)

　ここでは、まず部門別にリノベーションの切り口を提供し、改善効果が得られるようなヒントになれば幸いである。
　具体的な技術や素材については、専門の設計、施工業者の情報提供を活用されたい。

玄関
　　　　　　玄関はなぜ一つでなければならないか？

1. 宿泊・宴会・料飲・バー・売店などがそれぞれ独立したアウトレットならば、外来導線(玄関)はそれぞれ別であってもよいのではないか。
設計次第で、宿泊客のプライバシーを国際級ホテルなみに保護できる。
2. 車寄せ、到着、出発、通過、待機など配慮する。
タクシー、バス対策。歩道確保と安全対策。
バリアフリー対策。雨・雪対策。清掃と清潔を配慮する。
3. 玄関は旅館イメージの顔。観光地の自然保護と地域観光資源のイメージを代弁する表現力が必要。

フロント

　　　　　　フロントカウンターはもう要らない？
A. 前面での接遇がしやすいオープン・セパレートカウンターでよい。
  (1) カードキーシステムによりキーラックは不用。
  (2) ノートパソコンにより、全ての業務を行い、ホテルマシンやキャッシュドローを前面に配するには及ばない。
  (3) フロントオフィス内にキャッシャーデスクを置く。ドアサイド又は小窓スタイルの出納管理のみ。
B. 高級旅館・ホテルにはフロントカウンターは要らない。全ての顧客がVIP待遇である。
  チェックイン手続き、インフォーメーションはデスク＆チェアータイプでコンシェルジェデスクの時代。ロビー、または客室にてレジストレーションは可能。
C. 原則着席の丁寧な接遇で顧客を優先し、VIPクラブラウンジなど個室的接遇室があってもよい。

フロント・オフィス
1. コンピュータ化が進み、特にノートパソコンの普及により、フロント事務所は機能を絞り、予約・クラーク・キャッシャーなど最小限度で十分であり、従来のフロントオフィスや帳場はバックオフィスとして必ずしも表玄関近くになくてもよい時代になった。
2. 管理部門は支配人室と連結してローディングドックに近く、仕入れ・管理・交換なども集約して通用口配置が一般的な時代である。省管理スペースで営業部門の拡充を図る。
  但し、労働環境の配慮は必要だ。また客の動く時間には事務所内にはほとんどいないので問題ない。

ロビー

　　　　　ロビーは単にチェックイン・アウトの待合所ではない。

1. 最近は、有料ラウンジが主流。むしろ、ホテルオークラのように、くつろぎ、「癒しのテーマをもったロビー空間」でありたい。ロビーは客室以外の

主要なくつろぎのスペース(居間)である。
2. もちろん、無料ラウンジがベースで、大型書斎、ラウンジ風のDENを設け、新聞・雑誌等図書(土地の民話、小説、歴史、動物、植物、古典漫画等)、パソコンデスク、インターネットデスク、ボディソニック＆オーディオルーム、TVゲーム(ゴルフ)など多彩にとり揃える。転寝、大画面TV、観光ガイドビデオなども検討する。
3. 画廊、展示ギャラリーなど楽しめるロビー空間づくりと、くつろぎのデザイン化を検討する。
4. 飛行機のファーストクラス空港ラウンジのごとく、セルフ・ティサーバー＆ホームバー(500円均一程度か料金込みセルフサービスでもよい)など、ロビーで自由に、真にくつろげるよう演出する。
5. お茶席、お琴、生け花、民芸、芸能など文化をテーマに過ごしたくなるロビー造りをする。
客室で退屈した時、おしゃれな過ごし方ができる新しいリゾートロビーのあり方を創造する。
6. ロビーの連続に個室的応接室、会議室も位置付けて、2、3、の活用の仕方など利便と機能の多彩化につながるよう改善をすることもポイントである。

客室
　　　裸になってくつろげる「自宅以上のやすらぎ」が求められている。

1. 和洋折衷で、TWBと4~6畳和室を検討。安眠、熟眠対策を第一に。
個人・家族時代に対応して、洋室はTW(2名定員)に、和室はエキストラで2名計4名の定員規準を再考する意味も大きい。
完全和風畳ベットも人気がある。
但し、TW料金を規準に、エキストラチャージとして旅館の3名料金、4名料金を設定し直す。
2. バリアフリーやルームサービスを考え、従来の玄関、踏み込みの段差をなくし、設計を抜本的に見直す。
3. 玄関の踏み込みは、タイルなど耐久性ある新素材で入り口の痛みを解消し、玄関の雰囲気を演出する。
4. 畳にカーペットを敷き、洋ベッドを置いた客室も、和風らしくて落ち着きを醸し出す。
5. バスルームは、冷たいユニットバス感覚をなくし、木目等のやさしい内装

で、トイレ・お風呂を個別に、洗面所（ウオッシュレット）を明るく清潔に配置する。

　注：更に可能性があれば40~50㎡のサイズが必要、風光・景色のある旅館・ホテルは、特に室内バスルームを窓側にレイアウトし滞在中楽しめる室内バス付きも人気だ。

　※大浴場もよいが、最近、家族、夫婦、同伴者だけで入りたい顧客も増えているため、貸し切り家族風呂の設置も限度があり、客室での長い時間のくつろぎを提供するため客室内浴場を考え直す必要がある。脱衣場の換気・冷暖房は特に配慮が必要だ。

6. 窓ガラスは、できるだけワイド、プライバシー保護、防音が大事である。
7. 遮光カーテンなどは開閉リモコンがよい。また、障子のみより簡易襖も遮光性があってよい。
8. できれば、広縁、ベランダ・サンテラスはリゾートらしく、客室のゆとりとくつろぎを再検討する。最近、畳のハダシの連続で若干清掃に難点があるが、竹床にかなりの人気がある。避難設備スペースとしても再検討する。
9. TV（オーディオビジュアル充実）　将来はTVスペースも壁掛けの時代で当然ステレオ音響が重要だ。
　スペースを取らず天井埋め込みステレオスピーカーも音響効果がよい。
10. 照明もベッドが固定位置にあると、天井からの調光器付ビームライトが重宝で、室内照度のみならず、ベッドでの読書などに、大きな配慮になる。どういう訳かシェード付き照明がホテルのパターンになっている。ダウンライト、ビームライト、間接照明などで、目に優しく、かつ実用的に変更したい。
11. ワードローブは、セルフダイアル設定の金庫と、中身が見えやすい小物入れも一緒にして、忘れ物不安解消のアイデアを検討する。
12. 和室のテーブルはできるだけ掘りごたつ式になるとよい。
　※蒲団敷き等レイアウトを練り直してみるのもよい。
　和室だとテーブルは中央だが、洋室だと窓際にあっても自然。

レストラン
旅館の食事は部屋出しばかりではない。

　プロの料理か？　実家へ帰った気分の暖かい家庭料理のモテナシか？
　旅館は部屋食、ホテルはレストラン食か？　バイキングで和・洋・中お好みか？

第11章　営業形態と設計概念の変革

　いずれにせよ、顧客の料理ニーズは多様化して、おきまり、おまかせから、お好みへの対応能力が要求される時代である。
　おきまりも、おまかせも、せめて何品かチョイスできるとありがたい。
　料理人の都合でつくり、一方的に高く売れる料理の時代は終わった。
　レストランや料理のあり方がその旅館の将来をきめるといっても過言ではない。
　そんなニーズに対応した、サービス体制と厨房システムの改善がポイントになる。

1. パブリック導線と特に外来導線も重視して顧客を導入しやすいレイアウトを再検討し直す。
　外来を取り込む姿勢で収益拡大策を図り、独立採算への転換を図る。
　但し、宿泊客との差別化には十分に配慮する。
2. 抜本的に周辺環境を重視、個性化した各旅館は主力の売り物の一つとして、提供する料理を効果的にサポート演出するための、内装レイアウトを再検討する。
3. 特に、1泊2食付きの旅館料理は、顧客の好みに応じて、できるだけ選択肢のあるメニューを提供する工夫が必要になった。
　料亭街や薮小路のように多彩な編成で、レストラン機能を見直す時代である。
4. 料理メニューの多様化に備えたセントラルキッチンシステムの開発・導入と真空調理や、温蔵庫、冷凍庫、冷蔵庫、食品庫などを再整備する。
5. 新しい考え方でサービス導線を配慮し、雰囲気にマッチした和風ワゴンの導入により各テーブルまでの省力とスピードアップを図る。
　ファミリーレストラン和食藍屋のワゴンサービスなど合理的なヒントだ。
6. 部屋出しも、旅館風ホテルの設計を取り入れると、室内のテーブルへワゴンで運び、サービスの労力がかなり改善される。
　バリアフリー対策などでフロアーに段差がなくなると、一石二鳥だ。
7. レストランを持つことにより、ホテル式のルームサービスチャージを加算できるシステムにすればよい。
　改革の時期かもしれない。
　2食付き客室食、2食付きレストラン食の選択があってもよい。
8. 座敷テーブルは掘りごたつの時代で、洋式テーブルやベッドの生活が増えた今、雰囲気は和風を徹底して生かし、機能は洋式で使いやすくすること

も大事になっている。

もっと端的にいえば、メニュー戦略にマッチしたレストランの演出力をリノベーションしなければならない。

夫婦で楽しむグルメ、女性同士で楽しむグルメ、男同士で接待飲食、老人の健康食、子供食の変化など客層別に対応するとなると大変である。

省力をかねて低価格のバイキングスタイルが廃らないのも時勢でもある。

したがって、依然として鍋料理や、客に焼かせる魚介・肉料理なども楽しさがあって、省力になる人気メニューもあり、様々でよい。

ポイントはその食べ方の演出を考えた、設備、備品の改善で特徴と付加価値を創ることである。

もちろん徹底したレトロやスタンダードも面白いが、食と設備は常にマッチさせていたい。

宴会場

営業戦略・顧客戦略において団体、コンベンション等の対応は、的確に営業戦略の中に組み込まれた宴会場を用意した上で行わなければならない。

利用目的の多様化から、多目的と称し、殺風景な宴会場が随分と目につく。

宴会場は単なるスペースであってはならない。

利用目的を満足させる機能を充実する時代である。

婚礼・披露宴
◇新郎・新婦のひな壇から仲人さんが消えた

披露宴は新郎新婦のお披露目が第一だが、むしろ、お世話になった方々への感謝のモテナシ、これからもお世話になる方々へのご挨拶のモテナシである。ひな壇は業界の仕掛けにのせられた新郎・新婦のファッションショーではない。

平面に平等に近親感をもたれる設定が必要になる時代である。

地方に残る従来の和室大宴会場も、最近は座り方も自由(無礼講)になってきた。

序列のある口の字、コの字の中からも、お酌や会話が進む、優れた知恵でもある。

それは序列、系列にこだわる縦社会の名残りにすぎない。

最近は、お客様の接遇・歓談第一に、中国式円卓が多く活用されているように、ひな壇も長方形の縦・上座ではなく、横長辺を活用して顧客に近づく演出が多い。

全体の宴会場設計が長方形型から、正方形型と円形レイアウトの研究が進んでいる。

宴会
◇インテリアとホテル従業員はお客様の引き立て役

レイアウトのあり方、スピーチなど進行のあり方、食事の楽しみ方など、団欒のひと時がすべて形式から実質に変化していく時代になった。

限られた社交会のあり方は別にして、旅館・ホテルのインテリア・アートワークはあくまでお客さまのファッションの引き立て役でなければならない。

今後究極的にはカジュアルのお客様も主役になれるような配慮が必要だが、あくまで客層・戦略で明確にすることが大事だ。

ある意味では、旅館・ホテルのかもし出すインテリアの雰囲気は、逆に顧客のファッションをリードすることさえあるので、経営者個人の好みで造られていたインテリアは、もっと顧客を配慮して配置されるように変わっていく時代になっている。

茶室や茶懐石の伝統にもインテリアを考える上でのヒントは大いにあり、洋風では欧米のバンケットホールもその一例である。

もちろん、内装と機能を考えると和洋折衷が結構受ける。

具体的には、木製、石材等をベースに壁紙や装飾面積がよりシックになったパークハイアット東京などよいサンプルである。しかも耐久性があり、飽きもこない。

金糸銀糸の煌びやかさは、招待主が自分の権勢を示すために取り入れたもので、宮殿装飾の考えにも似て、歴史的保存以外には、もはやあまり望まれるインテリアとはいえない時代になった。

お客さまのファッション、いや顧客自らが引き立って、しかも、旅館・ホテルらしい優雅さと、落ち着いた声の会話や、楽しい食事が進むような小規模のモテナシをもっと大切にできるような設備改善が望ましいということだ。

◇キーポイントは、むしろ照明と音響だ。

　人に優しい間接照明など、料理や顧客のファッションが映える照明効果が重要になった。
　ライトバトンを設備し、演出が多彩にできるように改良したい。
　会話が弾む反響効果、ライブやオーディオ・ビジュアルな音響効果を配慮した内装材も利用される時代になった。
　デジタル音響の時代になった今、全面的にシステムリノベーションしないと、若い人には利用してもらえない。
　宴会場の多目的利用を考えた場合、この分野が一番遅れているのではないか。

会議
◇ミーティングからコンファレンスの時代
　コンファレンスルームは、宴会場の懇親会的な役割と違って、学術・文化・科学・ビジネスなどの活動のため、演説、研究発表、パネルディスカッション、協議・討議、合議など会議室を活用して、活発に生産性を高める場所として存在意義は大きい。

　最近、多人数で一方的に講演・教育するやり方から、小グループのディスカッションに比重が増し、同時に、これからは会議を通じて、ビジネスを生み、新たな発想を生み出す場としての機能を提供する時代になった。

　ミーティングからコンファレンスの時代へ移行しつつあることを認識して対処すれば新しいビジネスが生まれる。
　大げさにいうと、政治的な国際会議などは、議長国が意見を討議したいと考える人々を招き、和やかな気持ちで話し合いが持てるように心からのモテナシを演出する。
　激烈な議論・交渉を繰り返すなど、平和の均衡は、話し合いの中で保たれているくらい会議は重要な役割を演じている。
　このように、旅館・ホテルの担う会議室の役割は、従来のような箱貸し業務から、大切な会議の成果を十分にもたらすため、進行や運営をお手伝いする任務に変わってきたといえる。

1. 会議と懇親会は別々の会場が望ましい。
   （気分転換のため、連続的に、同じ会場を使用しない意味）
2. 会議の設定別にレイアウト・設備機能を研究・整備する。
   特に照明や調光システム、マルチメディアプロジェクター、個別モニターなどとそのオペレーション機能（専門会社もある）を近代化する。
   特に、商品のプレゼンテーションなどはDVDのレベルで演出される時代になり、照明・音響設備のあり方は、総合的な対応力が必要になっている。
3. 演説・講義・協議・議論などに対応して、講演者や出席者ができるだけ公平に見渡せるよう配慮する。円形劇場型など研究対象だ。
4. 国際会議など、出席者のほか、補佐官、通訳など随行員の着席、マスコミ席などを配慮するため、ワイド（縦横サイズ）のあり方を充分に研究する必要がある。
   同時通訳システムはもちろん、パソコンやインターネットからの資料などもプレゼンテーションに利用できる大きなモニターTVなども、これからの時代は求めている。
5. 各テーブルにパソコンを配置、お互いの手元資料をモニターで見ながら、意見交換による修正やまとめなどその場でできるようになった。
   資料や結果は、プリントかフロッピーで持ち帰る。そのためにパソコンやインターネット接続配線・ジャックなど合理的な設備が不可欠である。
   特に、イスは長時間座っても疲れないように配慮し、テーブルも書類、個別モニター、マイク、メモスペースなど充分にスペースが確保できるものが必要である。
6. 会議の会話音が弾むよう適度な反響配慮があるとよい。
7. インターバルのBGMやビデオ映画などリラクゼーションの演出が必要である。
8. フロント機能の充実、電話メッセージの取次ぎ、ファックスの送受信、コピーサービスなど、企業社内と変わらない環境の秘書サービス機能が必要だ。
9. セルフサービスのティータイムテーブルを設けることも人気がある。

展示会

◇会場設営の専門的工夫が必要

　展示会、ファッションショーなどを誘致する場合は、照明コントロール設備や、ライトバトンの設備を充実させるとともに、観客、裏方、報道陣対策

等会場設営の専門的な工夫が必要になる。

1. 会場規模によるが、商品展示会を導入する場合、大道具・小道具の搬入導線や、搬入の機能の整備が必要だ。
2. 舞台装置業と提携し、会場の利用目的により的確に室内装飾の演出をする。作業しやすいようにバック設備を配慮する。
作業導線や、舞台装置の設営機能の確保、基本内装保護対策も必要である。
3. プレゼンテーションにはあらゆるハイテク機能が使われる時代になり、搬入機器の電源(容量)や、インターネット接続配線、器具設営用バトン、排気、換気、空調、照明・調光システムなど、ブロックを細分化して設置し、多様性を配慮する必要がある。

売店
お土産ものだけでよいのか？

旅行者自身の利便と思い出づくりをもっと考えよう！
コンビニエンスストアの利便さをヒントに、販売効率はそれぞれの規模で考えるとして、ここでは変化する販売コンセプトを検討し直そう。
売店はお土産品だけの時代は終わった。
都市部でも、山間部でも地元名産品(地元の採れたて、作りたてなど)や旅行者向け実用品、楽しい思い出の品など顧客にとって便利(コンビニエンス性)で、楽しい(アミューズメント性)売店が求められている。

1. コンビニエンスストアを見習おう！

売店は館内ロビーだけが最適な場所であるとは限らない。
むしろ、地元、他館泊の顧客まで考えた外導線のあるショップであってもよい。
温泉街にある○○○イレブンや○○マートは旅行客に随分人気がある。
苗場プリンスホテルの売店ほど完成されてなくてよいが、その便利さと、個性的な品揃えを再検討しよう。

2. 特長づけの研究開発

これからは、テーマが明確な売店作りが大切だ。
栽培や制作の実例を見せて、人と自然との共生を感じる商品を郷土色豊かに演出、販売を行う。
牧場内での牛乳販売、栽培農家での野菜販売、菓子工房を見せながらお菓子の販売などをイメージすればよいだろう。
もちろん、写真やビデオスクリーンパネルを用いての解説でもよい。
工芸品をテーマにして、制作者に作業場を提供し、制作販売する。
また、仮に、館内で手渡しが無理なものでも、予約限定販売という手段もあり、宅配便をシステム化して、大きな品物も販売可能になる。
郷土の幅広い商品を見直そう。

3. 顧客参加商品の研究開発

滞在中の楽しみと旅の思い出が重なるような演出。
顧客を参加させて陶芸、楽焼教室、手作り人形や絵付け教室などで記念作品を作ってもらい、お土産や記念品に買ってもらえるような商品を開発する。手打ち蕎麦、郷土料理（旬の山菜、たけのこ料理など）教室などで、自分の作った郷土食品を真空パックで土産にするなど工夫の余地はある。

4. 自由に触れる、味見ができるサンプル

触れるサンプルや、味見用食品コーナーの設置など、POPの演出を徹底したい。

5. 楽しい売店作りを演出

村や名所など郷土色の豊かさを前面に押し出し、その中に郷土色豊かな商品をディスプレイする。大掛かりになれば、東京のビーナスフォートのようにイタリア・パリの町並みを再現するとか、ディズニーのようにおとぎの国や工芸品工房を再現した売店などのアイデアをヒントにして、小さくても郷土の町並みを屋台などで再現するなど工夫をする。
たとえ何坪かの売店でも、楽しい売店にしたい。

温泉
◇裸の人間は自然に帰る！　新湯治がテーマ？

　人々は、都会の雑踏とデジタル社会に疲れた人間（命）の洗濯のため、「自然に帰り」、「癒し」を求めて旅をする。

　現在の顧客市場は、あえてリゾートにまで都会近郊に出来たクアハウスの楽しさや、都会的レジャー施設を望まなくなった。

　むしろ、職・住地域にはないものを求めて旅をする。

　露天風呂温泉などはその一つの自然資源だ。

　古くからある湯治場の原点を見直し、健康湯治をテーマにして、設備を清潔に近代化していく…。

　最近では、できるだけ自然を残し、自然を活かした温泉地のあり方を「新湯治」ともいう。

　家庭では実現できない広々した大浴場で、のびのびと手足を伸ばしたい気持ちを察して、露天風呂の人気の秘密を解き、原点を見失うことなく温泉大浴場創生の基本概念にしたい。

　できることなら、裸の人間は自然に帰り、加工されない自然のままの「美しい水と緑と光と空」を求めたい！

1. 大浴場は、宿泊収容能力の50％以上の収容力が理想的である。
　男・女は均等の時代？　むしろ女尊男卑か？
2. 健康アクアなどのように、温度別の2〜3種類以上の湯船があると望ましい。
　（顧客の好みで選択できるように健康入浴法などを説明したカルテを表示したい。）
3. 温泉への導線、廊下、入り口、出口の余韻が大事である。
　素足で歩ける気持ちの良い素材（畳、藤、あるいは安全なぞうりで石畳など）で風呂に入るまでの楽しみと浴衣で部屋に戻るまでの余韻を演出したい。
4. 温泉の入り口は、人と自然の触れ合いへの入り口である。
　浴槽への導線と洗い場のレイアウトは重要。
5. 脱衣場は明るく、清潔に保つ。脱衣籠の整理棚を、できれば一人ひとり仕切りをしたい。
6. 脱衣場の冷暖房は、健康に配慮して温度差の激しくないよう配慮したい。

7. 脱衣場と浴室の仕切りステップに気の利いたエアーカーテンは理想的だ。ガラスドアの開け閉めにも工夫をすべきである。
8. 風呂場への踏み込みは、絶対に安心できる低いステップか、滑らないために安全策が大事である。
9. 鏡と洗面台の高さを工夫したい。
低・中・高と仕訳の検討も必要である。
10. 隣を気にせずにすむように、鏡に一人ひとり人の仕切りと少々の照明を設置することも検討してよい。
11. バリアフリーまたは、介護者同伴用浴室(予約制)を設けたい。浴室の大きさ、深さ、浴槽ステップ、淵の作り方、手スリ、洗い場の面積、立ち位、座位、寝姿位での身体洗いなど、介護者同伴を配慮することも重要である。
12. 温泉の種類、沸き湯、泡風呂(ジャグジー)、溜め湯、洞窟湯、滝湯、打たせ湯、など表現は様々である。浴槽からいつも、お湯がオーバーフローしている状態で、湯量豊富でゆったり、純温泉で新湯治気分、湯表は循環で清潔感が望ましい。
13. 床、壁材、天井材など、腐食・かび防止、耐久性、安全性、清潔、清掃メンテが容易で自然素材が望ましい。石材、古代檜などは基調な素材。
14. 照明は目に優しく、健康色に見える(青白くならない)照明色など配慮する。

付帯レジャー施設
◇客層や戦略で特徴づけが必要

　レジャー施設は客層や戦略で最も特徴づけが必要な施設だ。
　大型テーマパークのようにはできなくても、このテーマは大規模、小規模にかかわらず将来とも研究開発し続けなければならない課題だ。

野外・大規模レジャー施設

　都会にはない、あるいは、まねできないレジャー施設は貴重である。
　その中には、ゴルフ場、スキー場、海洋レジャー、湖畔レジャー、渓谷レジャー、登山・ハイキングコース、牧場、農場などがある。
　また、東京ディズニーランド、長崎ハウステンボス、伊勢スペイン村、宮崎シーガイヤ、富士急ハイランドなど、何れも大規模な投資と経営リスクが伴うが地域観光開発の中でもテーマ性があり、インパクトは大きい。

1. 地域開発として、大自然の中に、超高層近代建築のホテル、レジャー施設などを建てた宮崎シーガイヤのように、新聞によると、第3セクター方式で周辺開発が連動していない独り占めの大規模な施設を建設したことから、あまりに大規模投資となって、事業としては大赤字を抱えるリスクを負ったことなど大変残念な例だ。
   詳細は分からないが、地元の既存旅館・ホテルと一体になった総合活性化計画として、シーガイヤの位置付けが連動できていたならば、もっと効率のよい地域全体に役立つ施設計画が考えられ、再投資が出来たはずだ。

   自然と共生した大規模観光施設（インフラ）の再整備や、大自然に親しめる観光インフラ開発をもっと見直すべきである。
   そうすれば地元にある旅館・ホテルとの相乗効果もあがり、地域活性化につながる。

2. ミニ・ゴルフ場、フィールドアスレティック、テニス、プール、美術館、博物館、記念館などそれなりに敷地を生かして施設されたものも生きる。収益効果は低くても、相乗効果はある。

3. 館内付帯施設では、ボーリング場、カラオケバー（ボックス）、ダンスホール、ディスコ、能楽堂、アミューズメント（ゲーム機）ルーム、なども客層によって配備されたが、時代の流れで栄枯盛衰をみてきた。

4. しかし、これからは、上記のような施設で、既に都会の中に常設されているものは必ずしも必要ではなく、なまじ大きな敷地があるなら、風呂上がりや、朝、庭に出て散歩気分を味わえるような、あいかわらず人気がある自然散策整備や、植物・花など自然に触れる環境造りに活かすべきである。

小規模付帯施設

　従来から、宿泊客が退屈せず楽しめるように、様々な工夫がされてきた。
　顧客のニーズはどんどん変わり、新しいものばかりに目を奪われて対応してもキリがない。
　どこでも取り組める自然体でリラックスできるような付帯施設のあり方を研究しよう。

1. 書画ギャラリー、ミニ・シアター(大型TVスクリーン・レトロ映画など)、ボディソニック・オーディオルーム、読書室・ミニ図書館など「くつろぎ」をすすめる演出も大事かも知れない。
2. 新しい時代のものでも、インターネットやeメール設備は、娯楽を超えて必要な設備となっている。
  娯楽・ゲームとしても優良で楽しめる。

3. 専用の教室でなくてもよいが、陶芸教室、絵画教室、書道教室、押し花教室、などその旅館・ホテルで環境に合った得意分野のカルチャー教室(ダイジェスト版)があってもよい。

　世界的に文化のレベルを比較されている日本人に、教材は実費程度で、少しでも文化に触れる機会を積極的に提供していくのも、顧客滞在のためによいチャンスではないか。

アメリカの高級ホテルで、最近話題の「キッズサービス」
Wedge World News 6月号による

　アメリカの高級ホテルでは現在、ターゲットになっているのは「子供」だそうだ。
　特に、ビジネスコンファレンス、コンベンションなどの出席者のためにも、子供のための施設づくりは必須条件になりつつある。
　離婚率の高いアメリカでは、男女問わず一人で子育てをしているビジネスマンが増えており、子供を伴って出張する親が増え、ホテルでの滞在に際して、子供のための施設やベビーシッターを求める人が多くなっているそうだ。

　ハワイのフォーシーズンホテルでは、親の仕事中に、子供のための「フラダンスレッスン」「火山ツアー」など、デイプログラムが充実している。
　ボストンのリッツカールトンでは、1泊$726という「伸長120cm以下の客を対象にした」ジュニアスイートがあり、子供のために、「リッツキッズ」という様々な遊びが用意されている。
　子供に照準をあてたサービスは、過去10年で3倍に増加、今後も増える傾向だそうだ。
　わが国も、少子化傾向とはいえ、子供連れ顧客のために、遊園地や娯楽室のみならず、今後は、もっと子供のためになる、旅館・ホテルらしいサービスが求められる時代を予感する。

第12章

これからの観光地の地域開発

これからの観光地の地域開発

　立地条件(土地)の選定と地域観光の開発行政との相乗効果が重要な時代！
　現状の観光地活性化のためにも、新しく観光地に進出するためにも、地域の長期的開発行政コンセプトがいかにあるかということが、旅館・ホテルの長期経営計画を大きく左右する。
　大資本であれば必ず地域行政インフラを動かす力があるとは限らない。
　中小旅館・ホテルも地域合同、あるいは資本・技術提携など一体になって、大きく地域を動かしていかなければならない。

　そのような観点から、観光地の開発ポイントをまとめてみたい。

観光資源を育成する総括的な地域行政が大切！

　大自然、奥深く清涼とした"水・緑・光・空の美しい風景"、温泉、郷土歴史の美など、受け継がれる伝統、その大切な基本的情景の損失は資源にとって致命的だ。
　これらの大切な観光資源に顧客が触れ、親しむための施設や整備こそ、公共インフラを基盤にして整備されなくてはならない。

　最近、有名温泉地でも、浴衣・下駄履きで、湯上りの街を歩こうものなら、車の往来で危険極まりない所もかなりある。
　貴重な歴史資源があちこちに点在しているのに、散策路が整備されていないなど、取り上げれば課題がかなりある。
　今、業界では温泉地で「街へ出よう」というキャンペーンがあると聞く。賛成だ。

　魅力ある観光レジャー、レクリエーション、ショッピング施設といった観光施設は顧客のニーズや時代の変化で、最低限度、整備されていることは必要であろうが、都会にあるものをわざわざコピーすることもなかろう。

国立・国定公園指定地域は法により保護されるが、ただ守るためのみの政策にとどまらず、総合的、かつ長期的な開発基本計画を練り直して、自然保護と共生した真の観光地開発推進計画が必要だ。
　自然保護と開発とは相対関係にあることは誰でもわかる。
　観光インフラと施設の開発計画では、自然と共生するための接点に関する研究が基本になる。

　世界自然遺産、文化遺産、水源の森林・山岳、貴重な動物保護地域の管理レベルなどの話はさておき、できるだけ、人が大自然や歴史・文化資源に触れて、親しめる場所も永久的に必要だと思う。

　そのための観光インフラ基盤の整備には行政予算が必要だが、地域一体で今のうちに整備しておくことが重要だ。
　現在の観光協会のような単なるPR機関で終わらず、むしろ合弁企業のように、実行力のある新しい考え方の第4セクターとでもいおうか、国、地方と民間が一体で取り組む長期的な体制(官民研究機関と実行組織)が必要なわけだ。

地域開発行政と一体の長期開発コンセプトを持つ観光地に!

　都市計画区域では、一種住居(3,000㎡以下)、二種住居、準住居、近隣商業、商業、準工業地域と旅館・ホテルの建設は、用途地区、容積、その他行政指導と建築計画コンセプトに大きな係わりがある。
　しかし、その地域には、他の種類の建築物も許可され、それぞれ、景観も用途も異なり、連携があまり見られない場合が多い。

　ここで、山梨県の塩山近郊にある新興温泉施設を例に見ることにする。
　バス交通は不便だが、マイカー客用には便利な郊外地で、緑とフルーツパークに恵まれ、由緒ある神社仏閣もある。
　大変気の利いた営業形態構成で、開発コンセプトは新しく、旅館、豆腐料理の料亭、温泉露天風呂とそれぞれ別棟で、まさに外来を重視したすばらし

い考え方の施設構成だと思った。

　しかし、大きな川を渡って間もなくのこと、玄関を目の前にして、コンクリート生コン工場の敷地内に迷いそうな導線に、なんともいえず、大変もったいない気がした。

　偶然その敷地に後で、温泉が出たのがきっかけだろうが、私が問題視するのは、生コン工場とミキサー車が出入りするその場所に、温泉施設が同居しているという環境のあり方である。
　「そんなことをいうとキリがない」、そういわないでほしい。
　東京・新宿南口の高島屋デパートの前に、生コン工場があるのと同じだ。
　何も感じないのは不自然だ。事情はともあれ、今後はなんとかできないかということだ。

　開発の前後（どちらが先か）はあるが、もっと地域行政が、大きな町づくりコンセプトを持っていれば、市街化計画の線引きと同様に、ある程度関連業種を集めて整備していくこともできるのではないか。
　もちろん観光政策を重視しない市町村には関係ないが、簡単にいえば、温泉権の配分の問題など課題はあるものの、温泉が出る地域にできるだけ温泉施設を集め、生コンはできるだけ同類業種をある地域等へ、等価交換等の換地やあるいは行政の支援制度などにより、長期的に総括・整備していくことである。

　地域全体を再開発計画における換地計画で施行される権限をもって、全体を調整する機能を研究することがポイントだ。

　江戸時代からの町づくり（城下町、門前町など）にもたくさんのヒントがある。

　現在も電機の秋葉原や、カメラの西新宿、新宿渋谷の裏通りにあるラブホテル街、飲み屋街などと同様に、温泉街づくりには欠かせない共通の開発コンセプトが必要である。

　開発は、企業や他の商業施設、あるいはシティホール、スポーツ施設等コミュニティー施設と連携することで、ホテルがその場所に必要なこともあり、

混成が問題なのではなく、町全体の連携と相乗効果の配置が一番の研究課題だということだ。

　都市計画地域には、都市計画、市街化計画などという一つのコンセプトがあり、良い町になっていくかどうかは様々な立場でそれぞれ意見も異なるが、少なくとも将来の町づくりを計画的に進める行政が必要であることだけは確かだ。

　国立公園地域、特定風致地区などの観光地は、自然保護を目的に管理され、開発規制は大変厳しい。
　もちろん、自然保護を最優先するために、致し方ない。

　21世紀、人々が直接触れたい自然は、すでに保護された地域か、人の行きにくい未開の孤島、絶壁、原野、山岳にしか存在しない。
　しかし、そうだとすると、わが国の総合的な観光地整備計画は大きく見直されていいのではないか。

　かつての国民休暇村計画など、国が主体で進めると、独自にそのエリアだけが線引きされて開発されることにり、民間との連携は皆無に等しい。
　しかし、そんな施設を利用した顧客は、絶えず地域全体の利便を望んでいたことからも察しがつくとおり、常に官民共同で、しかも民間主導を支援できる観光地行政のあり方を再構築する時代になったといえよう。

　平成3年度に、観光事業振興助成交付金制度が創設され、地域活性化事業、観光地環境整備事業、研修・人材確保事業、その他調査研究事業、外国人客等誘致宣伝、受入れ体制整備などが推進されている。

　平成9年より、「21世紀を切り開く緊急経済対策」として、観光地づくり推進モデル事業など政策支援が始まったが、官民との連携が今一つで、もっと民間もアクティブに政策支援を生かせるようアイデア結集をしなければならない。

　また、地域開発行政では総合開発計画が長期的(10~20年)でないことが多く、予算がつくとその実施決定分だけは実行され、単発的な公共事業投資と

して終わる可能性が高い。

　そして、長期的な推進力を欠くと、総合開発計画に基づいた企業誘致や、外部資本の導入が思うようにいかず、申し込みのある開発案件の許認可のみが優先されて、誘致優先のため徐々に基本計画にある大切なコンセプトを失いがちになる。

　旅館・ホテル、その他観光施設を総合的に編成する明確なコンセプトを失ってしまったら、許認可のつど、総合計画が崩れていく。
　根気のある調整が必要だ。

　また、計画がしっかりしていても、企業誘致が出来ないため計画倒れになる場合もあって、実質的には進出する民間ペースでばらばらに進められていくのが実態だ。
　残念ながら、観光インフラの整備が後手にまわり、新・旧とも顧客に不親切な観光地が生まれることも多々ある。

　京都市などは別格にして、県別に見ると、沖縄県のように観光リゾート局を設け、主要産業としての位置づけにより成果を上げている例もある。
　市町村では、九州の湯布院地区などにみられる総合的な活性化戦略などは成功したサンプルの代表だ。

　海外では、ラスベガス、マイアミ、マウイ島、プーケットなど当初から開発コンセプトを持ち、20年以上もかけて育てた強力な人気の観光地の例も数えきれないくらいある。

　しかし、今や各観光地は21世紀を切り開くために、抜本的、かつ総合的な創生テーマを装備して、全体的なアウトレット編成、建築外観デザイン、観光インフラ(発着交通利便、観光地周辺の散策路、シャトルバスや馬車、人力車などの他、今や歩いてめぐる楽しいルートの多彩な観光、スポーツ施設など)の再整備と将来計画を本当に真剣に考えなければならない。

　地域の観光施設開発は総合的にとらえて、ディズニーランドのようにとはいかないまでも、常に新たなインパクト作りに取り組めるアイデア行政や地

域結束力が必要になる。

　県外から進出した開発業者などが、乱立した大型リゾートマンションなどで優れた資源遺産や街づくりの基盤そのものを崩壊させたような失策は官民とも二度と繰り返してはならない。
　いずれにせよ長期開発コンセプトが不明確では将来の大きな損失である。

　建築制限・規制の緩和と建築効率の改善を図りながら、建築アイデア、特に外観条例などイメージ(魅力)を訴える効果が高いものを見直すことも大きなポイントだ。
　但し、今後は、自然保護・エコロジー等環境保護などの世界的テーマをどう位置づけるかなども重要だ。

　地域全体が特長ある、かつ長期的な開発コンセプトをもって、観光地のイメージ刷新を図る必要もある。

　観光インフラを総合的に見直し、各観光地、温泉地は地域開発の総合振興計画を抜本的に再構築することが、21世紀のスタートポイントでもある。

立地環境の変化と対応

　将来の事業発展のため可能なら、計画的に隣接・近接に施設拡充用地を確保できると有利だ。
　観光地全体の発展のためにも、当然、個々の旅館・ホテルの企業成長が望まれる。
　観光地の旅館・ホテルの立地は、昔は往来の中心地が主流であったが、最近は奥地、高台が選ばれる傾向もある。

　これから取得する場合も、将来拡張計画を持つ計画かどうかで立地の選び方は異なる。
　今は、中心地はあくまで玄関であって、必ずしも旅館・ホテルにとっての

一等地ではない。
　近接物件に囲まれて商業施設など利便性はあっても、本質的な自然資源を過密開発によって失うことが多い。

　観光地では、箱根小涌園(再開発中)、花巻温泉の国際興業グループ旅館、那須高原のサンバレー那須、苗場プリンスホテル、草津中沢ビレジ、長崎ハウステンボスなど長期の開発コンセプトを基盤にした大規模開発とその立地戦略は大いに参考になる。
　将来的にも、できるだけ総合的な自然資源を保ち続けられる立地こそ優良観光地といえる。

　都市部ではすでに自然資源を失ってしまっているが、事業の拡大性を重視して、敷地の計画的な規模が重要だ。帝国ホテル、ホテルニューオータニ、ホテルオークラ、品川・高輪地区のプリンスホテルなど参考になる。

　発展的に本館・別館と拡充しながら、長期的に交互にリノベーションや数十年単位の建替えや、オフィス・ビル等の複合化によって、長期的に経営基盤の安定強化を図っている例など見ると、他には真似のできない、恵まれた経営環境を築いている。

　これからは、長期的な市場ニーズへの対応のためにも、経営形態の多様化、計画的リノベーション、たとえ小規模であっても複数棟の設計が可能な用地の配慮も大きな戦略ポイントになる。

　以上、様々な側面から、地域開発と旅館・ホテルの立地環境の変化と対応について述べてみたが、個々の旅館・ホテルは、地域の総合的なあり方を地域全体の共通のコンセプトとして総点検し、将来の超長期展望に基づく観光開発政策を策定する必要があることは分かっていただけたことと思う。

第13章

要員問題と雇用形態の変革

要員問題と雇用形態の変革

　戦後四十数年間、所得倍増計画、列島改造計画などに代表される高度経済成長と、バブル崩壊に至るまで、売上・収益増加に比例して、給与所得水準と人件費を大きく引き上げてきた。
　これはある意味では大変ありがたい雇用改善である。

　しかし、売上増、利用客数増、業容の拡大等により、雇用人員も増大した。
　しかも、年功序列型、終身雇用制がバブル成長により、大きくなるための経営改革をしないまま大幅な人員増、人件費増を招いたため、90年代になって、バブル崩壊とともに長期的に売上減少が続く状況になると、大半が雇用確保を第一に考えながらも、人員リストラに取り組まざるをえなかった。
　よい意味で、日本的経営は、アメリカのレイオフのように、思い切った人員解雇は得意でなく、人員を確保しながら、残業カット、賞与のカット、昇給の減額、昇進・昇格の見送りなど我慢と努力を重ね、その次は配膳、臨時雇用、パートなど解雇しやすい外注人員を削減した。

　そして最後には正社員まで削減せざるをえなくなった。到底運営システム改善や雇用システムの改革など取り組む暇もなく、売上の連続的な急落のスピードに、リストラのスピードが追いつかず、赤字転落を余儀なくされたところも多いかと思う。

　別途述べた売上回復努力、そしてリストラ（但し、ほとんどが一般コストや人員削減努力）をやり遂げても、依然として収益の安定確保にはほど遠いというのが現実ではないだろうか。
　さらに退職引当金計上や、資産の時価評価計上問題など国際会計基準への対応問題になると、まだ悩みはつきない。

　旅館・ホテル業の売上比人件費率はタイプ別で15〜45％と業態間格差はあるものの、サービスを重視すればするほど、外注費、食材原価、維持管理費等以上に、人件費は最も重い比重を占め、かつ重要な運営コストである。永久的な研究課題と思われる。

人件費問題は「ホスピタリティ」産業の生き残りをかけるつもりで解決したい。
　人件費率の指標は、それぞれ業態間格差があるので、個々の経営診断で分析するとして、業界共通の課題は、労働生産性＝売上総利益÷従業員数、労働分配率＝人件費÷売上総利益、人件費率＝総売上÷人件費であるが、ここではまず、概念的なとらえ方によって、雇用形態の在り方について分析してみる。

1. 現在の雇用形態は次のように分類できる。
①正社員　②契約社員　③嘱託社員　④臨時社員(フルタイム、パートタイム)　⑤派遣社員(調理・配膳)　⑥外注業務委託(アウトソーシング)等である。

2. ①から⑥の雇用形態については、今後その順位よりもその組み合わせの巧妙さで人件費のみならず生産性を大きく変えることになる。

　この分析は、すでにゼネラリストに目覚めた現役経営幹部のホテルマンが見れば、すぐに理解されるものと思うが、誤解のないよう整理してみたい。

正社員等雇用の実態分析

　旅館・ホテルも長い歴史をもっており、特に大手ホテルから順に改善が進み、一般企業なみの雇用環境を整備努力してきた。
　しかし、能力給を導入しながらも、退職金制度も含めて、終身雇用を基本にした年功序列賃金と全部門を標準的に考課する一般企業に準じる給与制度になってしまったことが再研究課題として挙げられる。

　もちろん、週休2日や、その他福利厚生など総合的な労働改善も短期・長期雇用に係わらず、今後も改善・充実する必要がある点は少なくない。

　最近は、40年以上続いた大手ホテルなどで、入社以来転職経験がなく、年収一千万円を超える中堅社員で定年まで勤務する人がすでに多くなった。

旅館・ホテルにとって、中高年従業員の高齢者給与は必ずしも高くないことから、大きな問題になっていないが、大手ホテルでは、むしろ伸び悩む中高年従業員をかかえて、高額人件費対策に苦慮する時代になっている。
　そんな経験から、良いところも、悪いところもよく見えるようになった。

　終身雇用でありながら、比較的短期転職者が多く（定着率が低い）、新規開業に伴うスカウトも多く、それほど終身勤続が多い業界ではなかった。
　むしろ、優秀な人材がスカウトされて、ホテル新設のたびに異動していった経緯がないでもない。

　したがって、年功序列・退職金制度などが、安定雇用と人材開発の連動効果に寄与しなかったこともある。

　一般企業は、特定の技術者以外、まして幹部候補生ほど、職場間異動は当然であり、地方支店、海外まで2~3年以上、会社の命によりどんな所へでも転勤し、多彩な経験を積んで幹部になっていくのがごく普通であるが、旅館・ホテル業界はどうだろうか。

　もともと、入社から、フロント希望、料飲サービス希望、調理希望、バーテン希望とこだわりが多く、希望どおり採用されたら円満に働くが、何年か経って、特にフロントマンをレストランサービスに異動しようとすると、本人が拒絶したり、また若い人を本人の意に反して異動させると簡単に辞めてしまったりして、と結構難しいこともある。

　一方、異動したとしても、3~10年とフロントに勤務している間に、レストランの勉強をしていないと、仮に30歳のフロントアシスタントマネジャーをレストランに、同格で異動したとしたら、一からやり直しで、年齢・経験給に矛盾ができることになる。

　他のセクションも事情は同じである。つまり、それほど各部門専門職、いや宿泊・宴会・料飲・バー・調理（洋食・和食・中華・その他）その他からなる異業種複合体と見た方が旅館・ホテルの職場特性として正しいのではないだろうか。

労働環境の厳しさと低賃金のため、求めるべき優秀な人材（知的能力とホスピタリティマインドを備えた人材）を確保することは、高望みであるのか。
　賃金が安くても喜んで素直に働いてくれる従業員を歓迎した経緯もあり、旅館・ホテルの業容の特性と、長時間労働と低賃金から優秀な人材が育成しづらかったこともある。

　一方では、個人経営が多く、経営者の世襲や女将制度などは、優れたホスピタリティの源として一役買ってきたことは認めるが、人材開発のキーポイントとして、これからは大企業のようにすべての社員が役員・後継者になれるチャンスもなくてはならない。

　個人オーナーであっても、親族とは限らず、もっとも優秀な人材が経営にあたれるような経営体制を整えれば、将来は安心できるだろう。

　以上のように、経営・雇用の現実からみても、まだ幾多の問題を総合的に検討し、改革を進める必要があると思う。

業界の特性に対応した抜本的な雇用改革！

　旅館・ホテル業界は、労働環境の特性をもつ雇用システムのあり方について、もっと早くから、環境にあった、的確な雇用システムの開発に取り組んでいるべきだった。
　一般大企業の体系ばかりが、理想のモデルとはいえない事情も多い。
　いまからでも遅くはない。

　ホテルの各部門の専門的技術を身につけたプロのホテルマンが働きやすいよう、また従来とは違った意味で、流動しやすいような欧米的な雇用システムの導入を検討することも大きなポイントである。

　『週間ホテル・レストラン』の主宰者大田土之助氏も FROM THE PUBLISHER にて、欧米のチップシステムの意味について述べられていたが、古

い慣習のように思われるが研究してみる価値がある意見だ。
　日本では、サービス料という制度がバクゼンと存在しているが、著者自信は廃止論者である。
　そして、顧客の感動と謝礼の気持ちから差し出されるチップについても、現在のようにプール均等分配の風習がはたして公平だといえるのだろうか。

　チップは、職場から分配支給されて、あたかも臨時給与のようになっているが、顧客は旅館・ホテルの皆さんに差し上げたというつもりはない。
　サービスは個人プレーではできないし、評価も運不運で不公平になることも分かる。
　さまざまな意見もあるが、顧客は本当に直接世話になった接遇係の人に、薄謝であっても気持ちから差し出したものである。
　また、本来サービスの感動によって、顧客が直接、従業員を評価してチップがあるのなら、まさに、プロ職業として見直されるかもしれない。
　チップ制度は、未だに世界的に採用されていて、いろいろな意味をもっていると思う。

　この問題は一旅館・ホテルの問題ではないので、簡単には解決できないが、新たに旅館・ホテル業界全体の問題として見直したい問題だ。

　基本的には、実力主義、能力主義といわれながら、中途半端な現在の雇用システム、給与制度こそ矛盾を生んでいる。
　また給与規程、退職金制度など雇用形態の多様化のわりには整備が遅れており、旅館・ホテル業の経営特性にそぐわなくなっている。

　このような問題点に取り組むため、敢えて少々極端だが、刺激的な表現も取り入れて、雇用問題の研究例題を検証してみよう。

雇用問題の研究例題

正社員の雇用制度改革

　以下、職種表現は、あとで旅館・ホテルらしい呼称を検討するとして、目的別に職種を選択出来る次の四種類のような給与体系と雇用形態を仮定して、研究する。

総合職
　あらゆる部門への転属、転勤等により、ゼネラリストへの経験を積む幹部候補生。
　あるいは他の旅館・ホテルで支配人、総支配人、経営者としての経験と資質を有するマネジメントプロ。

　経営者が望む、ジョブ・ディスクリプション(職務分掌)を明確にし、その職務分掌の達成度を明確に考課。
　例えば、売上予算、その個別計画の実行内容、その他管理項目の達成度など。

専門職
　宿泊部門(フロント・予約・セールス・ハウスキーピングなど)の経験を積む専門職。
　英検1～3級など考課採用。他の旅館・ホテルの経験・能力も勘案。
　※技術を客観的に評価できるサービス技術検定など業界で検討する。
　※コンシェルジェ資格試験等プロ育成も検討。

　料飲部門サービス(婚礼、宴会、レストラン、ソムリエ、バーテンなど)の専門職。
　ホテル・レストランサービス技能検定1～3級など考課採用。
　他の旅館・ホテルで習得した専門技術などの貢献考課。
　※ワインソムリエ、バーテンダー等、オフィシャルコンテストと資格制度の普及など。

　プロ野球なみとはいわないが、旅館・ホテル独自の考課表がそれぞれ専門的になるべきである。

その考課表のポイントは、経営者が、掲げる経営方針が部門別に具体的に示され、かつその貢献度が客観的に日常業務から記録できるようにする。

　省略するが、例えば、何人の顧客を客室へ案内したか、何人前料理を運んだか、サービスを誉められたか、などである。質と量の評価を明確にしたいものだ。

技術職
　調理師、ボイラー・運転手など技術免許を持ち、個々の専門職のみを追求したい者。
　比較的、この分野は、詳細に役割分担されているので、その責務は考課しやすい。

　調理長は調理原価率の達成、仕入れ材料の改善効果、調理技術開発、料理の評価など見えやすい。
　むしろ調理長の技術力と管理能力で全て部門内が考課されることになるから、調理場全体の考課を個々の調理師に公平に考課配分することも検討に値する。
　調理場人件費の総額予算を決め、公平な人事管理規準だけは与えた上で、ほとんど個別配分の人事管理は総支配人承認にするものの調理長宰領にすることも一つの方法である。

一般職
　入社1～3年間原則として一般職。
　一般的には従来の各部門研修(原則として一定期間全部門経験)。補佐職の役割を果たしながら将来は未知数の期待ある人材。

　どの職種も本人の希望を第一に優先しながらも、技術習得期間と適正判断を要し、本人もそれぞれ基本業務を習得した段階で、面談の上、総合職、専門職、技術職を選択できる。

嘱託社員
　定年を終えたベテランを、給料を下げて、補助職に転化するイメージがのこり、契約制度の改良で、年輩者(ベテラン)の本格的な登用を考えたら、今

後、不要な制度になっていく。

臨時社員（フルタイム、パート）

あらゆる業界で、人件費の削減がテーマになった現在、アルバイト、パートは雇用形態の最前線にあり、一方、働く若者達にフリーターという新語が創られたくらい定着した。

これからも4時間、5時間、6時間、8時間と目的に合わせ、有効に活用、雇用システムと短期教育システムの改善を図り、質の向上を図る必要がある。

給与制度の基本概念の変化

雇用年齢

18~65歳　定年制はあり。将来に鑑み、熟練エキスパートの雇用効果も検討要。

年俸契約制

1年更新。職種間異動、職務分掌により年俸の増減は伴う。

但し下限・上限規定を設ける。

本人との合意があれば、そのまま雇用を繰り返し、定年まで勤務できる。

年功序列の賃金体系は廃止され、わかりやすいプロスポーツ社会のようになっていく傾向がある。

但し、高年齢まで貢献できることと、一方では一定の年齢から同一職の場合は、給与が昇給しないなど検討される傾向もある。

東京ドームホテルなどは、かなり先進的な人事・給与制度を導入した。

職務給と生活給で構成した年俸制、退職金、家族・住宅手当など諸手当の廃止、業績連動型賞与などである。

一方30歳でも、優秀なら月収70万円の可能性も生まれた。

その他の案として、例えば、生活給的賞与年2ヶ月相当分は、当初から年

俸額の一部として契約し、本人の希望により月給に配分して支給することも可とする。

業績配分のそれ以上の賞与は、営業または経常利益予算の達成度合いによって、未達の場合は"0"もあるが、その何パーセントかを部門業績、あるいは個人考課別に配分するなど完全業績配分の考え方を明解にしていく段階になった。

賞与制度

産業全体の慣例が、いまだ、大きな基本になっている。

賞与は、本来、業績勘案支給の原理であったものが、ほとんどの部分が生活一時金になってきたところもあって、大きく見直される傾向にある。

産業界全体では、年間支給水準を5ヶ月（夏2~2.5ヶ月、冬3ヶ月）を目標にして、長い間その数値が、合計年収の基本換算としても用いられている。

旅館・ホテル業界では、一部大手の中には年間5ヶ月水準のところもあるが、平均的には、年間4ヶ月を指標にしているところが多い。

しかし、最近は不況により、業績悪化に陥ってから、3ヶ月はおろか、賞与なしも出現した。

その中で、経営の心情からして、住宅ローンもかかえていることだし、せめて生活給として、年間2ヶ月は確保していかなければならないという、暗黙の最低目標水準ができたことも周知の事実だ。

今後は、さらに徹底して、業績配分重視の支給方法に変わっていかざるを得ない。

たとえば、予算に賞与として年2ヶ月分を計画して、一時金（賞与）として支給し、あとは、半期ごとに予算経常利益を上回った差額の25%程度を自動的に賞与原資に加算する。

その原資の範囲内から、個人考課表により具体的な貢献度考課（旅館・ホテルは、部門別考課は難しい）によって、個人別に半期30分の1ヶ月から、1.5ヶ月程度の差をつけて支給する方法も考えられる。

あるいは、完全に従来の賞与制度を廃止し、年2ヶ月分は月例給与に比例配分してしまって、あとは、年間予算経常利益を上回った決算経常利益との差額のうち、一定の割合(たとえば25％程度)を特別賞与原資として、決算時に支給するなど明解な方法だ。

これからは、特に賞与の場合は業績主義、個人実績主義の支給方法に変わっていく時代で、旅館・ホテルの経営者は、それぞれ従業員の労働意欲も反映しながら、新しい賞与支給のあり方を考え直す時期にきている。

本質的には、月例給与を少しでも引き上げ、生活安定基盤の確立を目指す。賞与は、計画経常利益(又は営業利益)の達成度合いによって支給するというのが、基本ポイントかもしれない。

従来の退職金制度の改良・廃止

旅館・ホテル業界にとって、永年勤続を前提にした退職金制度が、体質に合っているか、どうか。あらためて、見直してみることが必要だ。

もし、単純に廃止することが労働環境を改悪するというならば、労使協定により実質内容を変更して、例えば通常勤務満3年から支給される退職金を、4年目から、年割り、月割り配分し、5年目は、4年目分を差し引いた差額分を月割り配分するなど、支給方法を再検討すべきである。短期労働者でも手取り収入を確保し、優秀な経験者を採用しやすくすることも一つの方法である。

注：松下電器などは入社時の選択性で始めたが、すでに、3〜4割が退職金前倒し式給与を選択していると聞く。

また、資本家として、雇用の立場からみれば、一定の経営スタッフ(マネジメント)については、一般の従業員とは別に、資本家に対して功労がある程度明確にあるので、現在の役員規程に準じる退職慰労金制度などを改良して、

欧米なみに慰労金制度を確立してもよいのではないかと思う。
　そうすれば、一定の期間、新規開業や、再建など大変厳しい経営使命を求めるマネジメントを登用したい時でも、スカウトの高額報酬のみならず、予想以上の実績に対して功労報酬(退職慰労金)を支払える考え方を取り入れることによって、今まで考えられなかった優秀なホテルマンを、欧米のように、一定期間、一定の目的で雇用することも可能になってくるわけだ。

契約社員制度の確立と雇用体系改革

　日本の契約社員制度は、1年更新の嘱託制度を呼称変更したようなところがあり、欧米的な契約社員制度が確立されていない。
　アルバイトでは人員確保が安定しないため、安定雇用のための月給制臨時雇用契約のようになっている。

　今後は、先の年俸契約社員の項で述べたように、一定の期間(現在は法的に1年更新型が基本だが)、1年から延べ5年程度の契約期間を、特定の業務目的を達成するために必要な技術能力を基本に、職務分掌を基準にして、一定の報酬を取り決めるようになる。契約方法として、野球のFA制度に共通するところもあるが、労基法で3年間以内に延長された(専門的知識・技術・経験を有する人材)に準じて、旅館・ホテルの特定業務の要員を長期契約雇用できる雇用体系を確立する必要がでている。

　たとえば、**コンピュータシステム導入**などが手の負えない専門分野だとすると、専門業者、あるいは、メーカーに依頼して一定期間(1～2年)の開発期間を含めて、まるごとアウトソーシングすることが多い。
　しかし、業種の特性に対する内部事情と専門知識が乏しい外部スタッフだけでは、なかなか納得のいく仕事が出来ない場合もある。
　そんな時、開発から運営、調整まで一貫して会社の立場でコーディネートできる社員がいたらと、思うことがしばしばある。
　そのような人材を必要とする時こそ契約社員制度が役に立つ。専門の会社から、一定期間出向または休職派遣等してもらえれば、期間契約社員のメ

リットを組み合わせることができる。

　営業セールスなども、一定期間キャンペーン的にセールマンを必要とする場合には、1億の売上を2億円の売上に伸ばしてくれるプロセールスマンがいたとしたら大変わかりやすい。
　その期間、年俸を弾んでも雇用したいし、その技術能力を導入したい。

　フロントクラーク、**キャッシャー**、**予約**、**ハウスキーピング**、**ルームサービス**など、それぞれの部門についても、同じようにその専門職だけを通す人材もあり、他の旅館・ホテルで多彩に経験を積んだ契約社員を正社員と組み合わせて編成することで、新たな活性化も生まれやすい。

　調理師の料理技術なども同じである。
　他の旅館・ホテルで働く優秀な職人に目を付けスカウトして、採用してきた考え方と同様だ。
　但し、雇用形態が明確でないと、技術がマンネリ化して、調理場が改革できない時など入れ替えに苦労した経験があると思う。
　また腕の良い調理士も給与規定のため、役職主義の制度下では矛盾が起こり、総支配人より給与の高い人材は採用できない。

　日本でも、確か志摩グランドホテルだったと思うが、名人高橋調理長の料理を食べるために、大勢の客が訪れ、総支配人より高い給料をもらえる人として、業界に刺激を与えた時代がある。
　後に、大手では、取締役、専務と役員待遇の調理長が誕生することになったが、果たして、待遇と名誉はそれでよいとしても、これからの商法上の取締役の責任を果たすことまで要求できるだろうか。
　人物・技術の評価を最も重視した、契約社員での総調理長も想像以上にうまくいく。
　海外から向かえた、洋食、中華のシェフなどはむしろしっかりした契約雇用により、優秀な技術者として招聘できる。
　和食もこの制度により、どこからでも優れた調理師を招聘しやすくなる。
　昨今は、旅館・ホテル専門の人材紹介会社が育成され、将来は当たり前になっていくと思う。

　料飲サービス、**ソムリエ**、**バーテン**などは、長期的な需要の展望もあって、

より高度な技術導入のため、適切な人材や技術を必要とする場合は、一定の期間、一定の専門職務を特定の責任を持って、請け負ってもらえるような契約社員制度があると、どんなに効率的で、相互有効になるかは容易に見当がつく。

一般職、**事務職**も人事・給与、会計・経理、購買、営繕、管理業務などは組織的責任と役職ポストを持った専門職の契約社員で効果を上げることもできる。

人材派遣・配膳会制度の改革と活用

すでに、都市部のホテルなどで合理的な外注人材紹介・派遣システムを開発・導入されているところは問題ないが、システムのない観光地などでは、今後の大きな研究課題である。

観光地では、2~3個所の旅館組合が団結し、しかも本拠地は各観光地に最も近い、中核都市(都市ホテルも有する程度)に、共同出資(雇用促進のための公共団体も共同支援)して、人材派遣・配膳・紹介会社を設立する。もちろん専門業者にアウトソーシング(運営委託)するのもよい。
地域一体で、"人材供給会社"を形成(システム化)するのもこれからの雇用改革の考え方だ。

ここに、フロント、レストラン、宴会、客室サービスのスタッフを登録する。今後は、経理決算事務(現金預金管理は別途)営繕、メンテナンス(下請け機構等はあってよい)など広い分野にわたり登録し、一般的な専門補助職や、ケースバイケースで一時的な支配人職の派遣まで専門を広げ、機密保持や、競争原理を妨げない範囲で割り切った使い方ができるようになる時代になるだろう。

都会の銀行や一般企業では、人材派遣との提携による仕組みはすでにできあがり、法の緩和によって、派遣社員の職種は一段と幅広くなった。

特にコンピュータ技術者や、有能な事務職が多いが、受付接遇から電話営業まで広がったことをみると、旅館・ホテル業界は人件費と人材不足に悩みながらも人材派遣システムの活用が立ち遅れた部分が多いことに気付く。

かつて、ホテルオークラがホテルの宴会サービスの対応ニーズから、後方支援して配膳会が誕生したように、今や、業界相互から有効な組織・機能を備えなければならない時代になった。

経営者はあくまで、貴重な旅館・ホテルの人材を、リストラの時代だからといって低賃金で、使い捨ての人材集団にしないよう、新しく人材開発を目指す業界に脱皮すべきである。

外注業務委託（アウトソーシング）の育成と活用

ホテルの運営全体を業務委託する運営受託システムは別途述べたとおりだが、あるいはレストラン部門のみの運営委託、またはテナント賃貸など様々な外注形態がある。すでに、部門別に外注システムが出来上がり利用されているものを挙げてみる。

- ・機械管理
- ・一般清掃
- ・客室清掃整備
- ・警備
- ・調理場請負委託
- ・ケータリング（古くは京都の祇園にある仕出屋など）
- ・スチュワード（洗い場と食器具管理のプロ）
- ・マッサージ
- ・ゴミ処理
- ・ショー・エンターテイメント
- ・経理・税務事務
- ・人事・給与事務（労務管理）
- ・総合案内所の提携と販売委託

今後は…

- マーケティング専門会社への委託
  （旅行代理店とは別で、契約ホテルのみの販売を行うテレマーケティング）
  （顧客管理データの作成、顧客情報の収集・提供）
- 経営分析請負（コンピュータデータの分析、経営情報レポート）
- 企画・宣伝年間委託
- レストラン請負
- バー請負
- 調理場請負
- フロント業務請負
- 婚礼請負業務
- 宴会場請負業務
- コンファレンス・オペレーション業務

以上のような分野の開発が期待されている。

　旅館・ホテル業界がより専門的になるに従い、強力なノウハウを持つ旅館・ホテルは別にして、専門的、かつ合理的なプロのアウトソーシングが求められる時代になっていくかもしれない。
　（素人のよさもあるが・・・）

第14章

遅れている
コンピュータ・ハイテク化！

遅れているコンピュータ・ハイテク化!

日常社会の生活機能はコンピュータ・ハイテク化によって便利に
　わが国も、ようやく社会機能や家庭の生活機能がいたるところでハイテク化されて、ほとんどの人が便利に、かつ合理的に活用できるようになってきた。

　外資系や大企業ばかりではない。官庁、役場、学校、病院を始め、駅の改札など町の機能も、ほとんどハイテク化され便利に活用されている。
　なかでも実感として最も便利になったのは、計算・事務処理や、書類発行業務などがスピーディでスムースになったことだ。
　特に身近なところでは、乗車券、航空券、ホテル等の予約システムへ、デジタル電話のプッシュホンやインターネット、携帯iモードで簡単に接続できることをみると、大きな時代の変化を感じる。

　また近い将来には、世界中どこからでもインターネットや、携帯電話のiモード機能で、予約から支払い決済にいたるまでオンラインできるようになる。

　今や、インターネット時代になって、24時間、ほとんどのものを調査、照会、予約、手配、購入はもとより、代金の支払い・決済に至るまで、窓口にわざわざ出向かなくてもできるようになった。
　そして、発券や品物の受け渡しは、特定の窓口以外でも、特に便利に普及したコンビニエンスストアとの提携が進んで旅行券や旅館・ホテルのクーポン券まで受け取れるようになった。

　さらに、現場では窓口業務の無人化が進められ、銀行のキャッシュディスペンサーや、乗車券、航空券の自動発券機、ホテルの自動チェックイン機、CDの自動チェックアウト精算機など様々存在する。便利な自販機などかなりの分野に広がっている。

　今後は、個別に進んだシステムなどの各社提携も進み、統合化や、ネット化、共通化が進み、例えばID・CDカードシステムなどは、すでに利用者が持ちきれないほどのカード枚数になっており、デビットカードの普及とともに、ますます、統廃合や共通化が進んでいくと思われる。

最近、話題の米ヤフーの共同創業者ジェリー・ヤン氏は、もっと普及している世界中のテレビを好きな時に好きな番組が観賞できるビデオ・オン・デマンドのような双方向テレビなどを活用したインターネットの特性をいかした事業に取り組んでいるそうだ。
　デジタルTV画面を通じて、もっと簡単にビジュアルなインターネットの日常活用ができる時代が予測される。

　いずれにせよ、パソコンか、携帯電話か、TVあるいは、PlayStation2のような新機種などの地球的普及により、インターネットに接続され、より簡単に、より便利に、誰もが活用できるようになることだけは間違いない。

　まさに歴史上の新たなIT産業革命が起こっていることを認識しなければならない。

コンピュータ・ハイテク化の現状

　著者の知識不足もありハイテク社会の変革を専門的に語りつくすことはできないが、そんな環境下での旅館・ホテル業界のハイテク化について、見聞してみよう。

　旅館・ホテルのハイテク化については、急速に進んだコンピュータ化によって、ボイラー・空調機器の管理システム、室内温度センサー管理、照明調光、防犯センサー・警報システム、調理機能電子・電磁化、食器洗浄オートメーション化、ロボット調理器、ゴミ処理装置、客室電話器のモーニングコール、ボイスメッセージシステムなど、どちらかといえば装置管理分野でのハイテク化が目立ってきた。

　コンピュータの大量普及により、ハード・ソフトとも近年、大きくコストダウンされ、中小の旅館・ホテルも、いわゆるオペレーション分野を幅広くコンピュータ化することが可能になってきた。

かつての名機であり、世界的に普及したフロントマシン(NCR42号機など)といわれたホテルの専門会計機が基調になって、フロントコンピュータシステムが開発され、レストランレジスターがレストランPOSシステムに発達して、現在のホテルコンピュータシステムが生まれてきた経緯がある。

　その後、宴会・婚礼部門などは、むしろ日本(ホテルオークラなど)が中心になって独自開発されたシステムも多い。

　また、損益計算書、貸借対照表など経営帳票は、わが国では、ユニフォームシステムのようなホテル会計基準が普及しなかったため、一般企業に準じて、決算書類を規準化して、一部勘定科目や、仕訳項目のみを旅館・ホテルらしく改良してできたものが、会計システム基盤になっているのが現状である。
　したがって、基本は変わらないが、個別には表現や指標など、各旅館・ホテルで異なるところも多いのが実状だ。
　ましてや、自主的な研究をしなかった旅館・ホテルではメーカー主導で作った基本パッケージシステムを導入して、従来の運営・管理システムを逆に変更した例もあるくらいで、メーカーの独自性で作られた個性がそのまま各旅館・ホテルの個性となっているのが大きな特徴だ。
　まだまだ、旅館・ホテル業界は、共通会計基準には至ってない。

　一方、世界的ホテルチェーンなどは、ほとんどがホテルの国際会計基準になっているユニフォームホテル会計システムをベースに構成されている。フロントシステム、レストランPOS、宴会営業支援システム、バックオフィス管理は、結構共通ベースのものが採用されている。
　IBMも世界的だが、マイクロス・フィデリオ社のシステムは、世界の大手ホテルチェーン60社以上、7,500以上のホテルで稼動しており、最近は、日本法人が設立されて外資系ホテルにはほとんど導入されているという優れたものだ。

　最近、ホテル専門システムとして、世界的に普及しているものでは、宿泊はフィデリオフロントシステムを始め、レストランはマイクロスPOSシステム、宴会、婚礼、営業支援システムのユニコーン社、バックオフィス支援でSUNアカウンティングシステム、購買・物流管理のグローリーなどがあり、それぞれ部門別に専門的に導入されてきたものを、インターフェイス統合シ

第14章　遅れているコンピュータ・ハイテク化！

ステムなどでラインナップされてきているのが現状で、2000年問題を機に大幅に改善されたホテルチェーンもある。

　また、来たるべきIT時代へのシステム対応を考えて、コンピュータシステムもリノベーション時代になったということである。
　　世界的に見れば、ホテルのM&Aなどは日常茶飯事で、世界的に優秀なホテルマンが流動することや、多国籍の資本家が経営データを掌握しやすいこと、また、業務の基本マニュアルはほとんど同じだから、基本になる運営・経営管理システムは共有でよいのかもしれないということだ。

　ただ、マーケティング、顧客管理(CS)、セキュリティ、ハウスキーピング、メンテナンスなどのハイテク化とサービス管理システムは、経営コンセプトに基づいて各ホテルごとに個性化されていくことが「GOODWILL(のれん)」を築く各ホテルの経営財産の要になることは疑いない。

　もちろん、ホテルマンの築く「真心のホスピタリティサービス」こそ最も基本にあることを、あえて、ここで付け加えておく。

　ここまで、述べた段階で、観光地の旅館・ホテルを客観的に見直してみると、まだまだ、これからの課題がたくさんあることだけは分かる。

　しかしながら、先行努力された一部の旅館・ホテルでは、現在のコンピュータシステムは、①宿泊・フロントシステム、②レストランPOSシステム、③宴会・婚礼システム(各部門予約管理、見積り、館内手配関連、会計、営業統計など)、④顧客管理システム、⑤売掛管理システム、⑥購買管理システムなどを主な部門として構成しており、⑦管理部門システム(原価管理、人事・給与管理、経理日計表、損益・貸借等経理システムなど)で全体の経営管理を行っているのが基本的な体系となっている。
　更に、顧客管理(CS)、セールス管理、市場セグメント管理・分析や各必要な営業係数が細分化されて、ようやくトータルホテルシステムらしく(部門別に行き渡ってきたという意)なってきたところもある。

　ところが、組織の縦割りからホテルコンピュータシステムが構成された経

緯もあって、部門連結や、統括、相互情報開示などは、まだ立遅れており、ようやく「真のトータルマネジメントシステム」に移行するコンピュータシステムの第2次イノベーション時代になってきたものと思われる。

運営がパソコン活用でもっと便利に、合理的に！

今では、コンピュータシステムを使いこなして合理的な経営・運営システムを構築できる能力が現場にも目覚めてきたところなので、本質的には、これからがハイテク化、コンピュータ化（しかも主役は、パソコンLAN、PHSとモバイル端末時代といわれる）による経営革新の正念場ではなかろうか。

ますます迅速・合理性とともに「もっと簡単、もっと安い」を追求して、いまだコンピューター・ソフトの増築、改築を繰り返しながら、もう一度大きなシステム革新（第2次イノベーション）の時代が目前に迫っている。

ただし、導入を促進しなければならない多くの中小旅館・ホテル業界を含めて、いまだ課題も多い。

一つは、導入コストについて、まだ高いと考えるか、安くなったと考えるか、大きく決断の分かれるところだ。
今や、導入コストをカバーする生産性（集計の迅速化だけではない）を生み出す旅館・ホテルの企画力を求められている。

注：今やパソコンLANで可能だし、ソフト開発もかなり安くなってきたところで中小旅館でも可能。

一つは、経営者、マネジメント担当者自らが、データ管理姿勢が、攻めか、受身か明確でないところが多い。
サービスは現場第一主義という考え方も分かるが、現在のコンピュータ管理はバックオフィスの集計・分析業務を主体に編成されているため、予約、売上、入金状況こそ日常管理するものの、損益にかかわる少なくとも勘定科目

からみる個々の作業実施状況は、日常、どのように全体把握されているか疑問だ。

　各部門責任者に委ねた大手システムでも、今部門間の情報共有化や、販売戦略の連携強化が図られているが、マネジメントが全体の動きをつかむために、経営者は日常管理から掌握したいデータを明確にして、旅館・ホテルのシステムの導入に際してはしっかりしたコンセプトを打ち出すことが必要だ。

　一つは、ソフトメーカーの優位独走と旅館・ホテルの試案模索により、いまだ、コンピュータ技術者の優位性がパネル上ににじみ出ていて、現場ではシステムを有効に使いこなせていない。
　※典型的なものは用語だ。
　キーボード操作のための共通用語はやむをえないが、パネル上の表現や操作用語は、誰でも分かるように旅館・ホテルの用語を優先し、最近、主流になったウィンドータッチパネルを活用した分かりやすい画面が望ましい。
　また、分かりやすいアイコンにより、経営者や各担当が見たいものをマウス（あるいはタッチパネル）のクリックで簡単にみられるようにしたい。

　変更修正・決裁は特定コードを持った担当のみができるようにするとか、変更事項、決裁は、権限者がイントラネット（社内Ｅメール、アクセスなども活用）で出来るようにするなど、部門間の情報の共有化やネット構築も必要になってきた。

　これらの課題を視野に入れながら、更に全体をとらえてみると、
　旅館・ホテルは宿泊、レストランなど異業種的な特性を持つ分野だけに、部門ごとにシステムが構築され、発展したことや、システム化に際して、部門別、個別マニュアルを分析・組み立てて仕上げられたため、従来の現場のマニュアル（手作業）と帳票システムを基調にしてコンピュータ化されたものも多く、全体の統括作業や部門配分作業など、部分的には手作業を残していて、いまだ完全なオフィス・オートメーションにはなってない。

　「事務管理とサービスの連動とスタッフのマルチジョブ」を組み合わせたシステムの開発、わかりやすくいうとサービスに供応しながら、携帯電話（PHS）、モバイル端末、レストランオーダーシステムあるいはバーコードの

ようなものを使用して端末データの直接入力ができれば、専門に端末データの入力担当者を置かなくてもすむ。
　今は、特にキーボードが難しくて、誰もが使えるわけではないということが難点である。

　著者の専門外であるため、技術的に明解な説明はできないが、これからの現場の状況に合わせた改善こそ、現在の改革ポイントではなかろうか。
　特に館内の客の動きや部門間のデータ共有化など、部門間連結のアクセスはこれからの改善ポイントであろう。
　また、機密データの管理の関係上から、どうしても一部組織だけが集約機能を持つことも避けられないが、トップマネジメントは、アップ・ツー・デイトに、いや瞬時にして全館のオペレーションの状況を知りたいし、経営状況(数値)も常に把握したい。
　そんな高い経営次元から点検すると、まだまだ研究・開発の余地がある。

これからはキャッシュフロー重視の経営

　「キャッシュフロー重視の経営」これは決して新しいことではない。
　日本でも、欧米でも、本物の商人は会計システムのないどんぶり勘定といわれた時代からキャッシュフローを重視してきた。

　日本ではいつの間にか、高度成長とインフレ成長下で、サラリーマン社長が増えるにしたがって、企業会計は決算期ごとの形を整える会計処理がなされる傾向が強くなった。その証拠に情報開示をはじめ連結決算や国際会計基準への移行を前にして、多くの一流といわれた企業が、様々な会計上の諸問題や不祥事まで発覚して整理されていることで明らかである。

　これからは事業計画に基づいて計画的に部門別損益管理によるB/SやP/L
注：B/S損益計算書、P/L貸借対照表、キャッシュフロー計算書が円滑・正常に運営されているかどうかが問題になる。
　計画の修正に迫られるような場合、いち早く分析情報をとらえて戦略対応

第14章　遅れているコンピュータ・ハイテク化！

できるようになっていなければならない。それこそ社内開示されていて、問題なく全て明瞭・公正な会計で管理されているかなど、個人経営といえども、働く社員のためにも経営状況の情報開示のための変革をしなければならない時代になっている。

まして社外株主があれば、情報開示の責任はさらに大きくなければならないことは当然である。

最近まで、大手ホテルですら月次の部門別損益を把握するのに、1~2ヶ月以上かかった。

ようやく、リーガロイヤルホテルでは経営再建に向けての重要な経営管理システムとして、2000年4月、3~4千万円を投じて新システムを構築し、日次の粗利益が管理できるように改革されたと聞く。

欧米のホテル（特に大手チェーン）は、まさに国際会計基準のホテル版のような権威で、世界的に普及しているユニフォームシステムホテル会計規準を採用している。すでに、外資系大手ホテルでは、部門別損益管理による日次P/L、B/S、キャッシュフロー計算書等は常識になっている。

日本では月末締め後、月次報告が3日以内で提出できるのがよい方というのが現状である。

日次の部門別粗利益(GOP)は、国により経理規程や慣習の異なるところがある。日本では、仕入、給与・関連費等月末締め、棚卸や、翌月払いなどもあるため、日次の正確な損益を把握することは難しい。とはいっても、仮勘定を設定してまで試算する意味は薄いので、なかなかシステム化しづらいところもその理由だ。

一定の経費は予算そのものを日割り仮勘定にして、日割予算と日次損益比較でつかんでいくことも役に立つ。

売上営業係数や収入・支出のキャッシュフローベース（試算表※旅館・ホテルは経理日計表）で、本質的な日常管理がされているのが現状だ。

現在は月次予算を日割りして、毎日の動きを監視している例もないではないが、せいぜいのところ週次粗利益管理を目標にして、改良されつつあるというのが実情ではなかろうか。

最も重要なシステム改革の研究テーマは、世界的な日次P/L、B/S、キャッ

シュフロー管理やマーケティングからサービス、顧客CS管理まで、顧客とオペレーションの動きを寸時に掌握・分析し、即対応するための全部門的なマネジメントシステム改善であろう。

わが国の実態として、観光地の旅館・ホテル業界全体ではいまだ月次部門別収益管理すらおろそかで、売上だけは日次、月次と部門別管理できるようになっているが、損益は1~2ヶ月も遅れて、月次決算、予算・実績（累計）管理表ができる。
　その遅れたデータを基に、悪化した数字を眺めて、反省会を行っている旅館・ホテルもまだ多い。

　特に旅館では、1泊2食付き販売のため、部門別管理をしても意味がないといわれる諸先輩がいまだ多い。だがデフレ経済下では、売上のみならず、コスト、B/S、P/L、キャッシュフロー管理はリスク管理を含めて、日次即時データが重要な管理ポイントになってきた。旅館・ホテルでも部門別の収益状況を寸時に把握して、即時に経営戦略への対処と行動が必要な時代になってきたことを、改めて認識しなければならない。

　旅館・ホテルも経営者の方針・決断によって自らが掌握しやすいように、経営管理システム（特に部門別管理規準）の抜本的な再構築をすれば、現在のシステム端末からオートメーションで自動的に管理データを掌握できるようになる。当面は月次部門別管理を目指して、まず経営の迅速な対応力を見につけるべきだと思う。
　遠からず金融機関対策でも、株主対策でもそのような経営管理システム＆データは当然必要になる。

まだまだ改良されていく旅館・ホテルコンピュータシステム

　現在のシステムは、右肩上がりの時代のコンピュータシステムだとすれば、デフレ経済下での旅館・ホテル経営には足りないものが随分あるはずだ。
　集計業務・統計から、分析、戦略データの摘出が必要だ。

第14章　遅れているコンピュータ・ハイテク化！

　例えば、すでにマーケティング戦略のシステム化を先行しているホテルは、更に緻密になりつつある。前年実績の営業分析と、今期（または中長期）のマーケティング戦略・方針に基づいて、売上計画を策定、その管理の方法など見ると…
　まず、マーケティングセグメンテーション（マーケティングミックス）の選択と編成によって戦略を練る。計画に基づいた売上計画を策定する。
　マーケティングミックスは客層、セールスソースなど十数種類から数十種類にも分類し、それぞれ、契約料金、利用客見込みを計画担当者分担や主要個人、法人、団体、代理店、航空会社、マスコミなど、セグメント別に予算段階から明確な計画にして、セールス計画、予約目標、利用実績まで一元的に計画・管理する。

　戦略セグメント別に、前年比・予算比・差異と傾向値など戦略対応に必要なデータが摘出されるようになると、セールス戦略対応も的確に指示され、担当者も客観的に実績が評価されるようになる。

　また、仕入れ原価、残業、パート等変動人員・人件費、重点管理経費の支出経過なども一定の基準を計画設定して、その差異によりイエローマークなど警鐘がなるシステムを装備すると責任者も経営者自らも判断を見逃すことがない。

　各契約内容の管理状況把握、更新に対する事前対策。特に、人材派遣やアウトソーシングや業務提携なども多彩になればその分、重要かつ緻密な管理事項になる。

　その他、研究課題としては、仕入れ原価管理などでも発注票や、納品書の管理ばかりでなく、メニュー別レシピに基づく予約情報対応型で、食材発注数量の規準表作成、発注票、承認システム、各業者発注票のオンライン化（現在のパソコンファックスも有効又はインターネット・Eメール化）、見積り、納品書（但し、検品システムは別途立会い）、請求書照合、定期支払一覧表、業者別支払伝票、小切手発行依頼書、銀行振込依頼書など、関連業務の一貫性を見直し、事実上のオートメーション化を検討する。
　管理者の承認ポイントだけが少し工夫がいるが、スピード管理にふさわしく大幅に合理化できるポイントだ。

日経卸売物価からの買い得食材情報の検索などもできるとよい。

コンピュータソフト開発のビジネスにとっても大きな着眼点だ。
大変な数の取引業者の端末に、**CD-ROM** ソフトを配備することになる。
余談だが、旅館一軒当り、定期支払い先、50社としても、69千軒で、345万件だ。

これからのシステム導入ポイント

コンピュータ導入コストが大きかった時代は不可能であったが、各部門別に充実するためには、今はむしろトータルホテルシステム（パッケージなど含む）より、必要なシステムのみをパソコンLANで構築し、低コストで、有効的な部分だけを取り入れることが旅館・ホテルに合った合理的なシステムの開発・導入ポイントになる。

熟練されたソフトメーカーのレディーメイドを基調にして、イージーメイドまたはパターンオーダーを選択して進めるか、専門家に委託してまったくオリジナルにオーダーメイドで立ち上げるかは各々の選択による。

時代に応じて変更したり、改善したりするため、できるだけ、ハードは低コストでモデルチェンジもしやすいように、ソフトも将来の汎用性・発展性を考えた選択が重要なポイントだ。

従来のコンピュータシステムもリノベーション＆イノベーションが必要な時代に突入し、ハード設備の改善と省力を図りながら、旅館・ホテル業界の新たな経営改革ポイントとその運営・管理方針に沿った関連システムを見直すのによい機会になった。

サービスの最前線にハイテク・IT化の話題研究

　旅館・ホテルのサービスの最前線にハイテクと聞いただけで、顧客も、現場のベテランもおそらく拒絶反応を起こすと思う。
　しかし、今まで研究していないだけで、旅館・ホテルにもサービスの前線や、特にバックサービスではかなりの改革課題があるのではないだろうか。
　ハイテクはコンピュータ化ばかりではない。
　アレルギーにならないで、機械化、合理化、円滑化、効率化、スピード化、簡素化、単純化などあらゆる改善用語を駆使して、問題・課題をとらえてみることも大事だ。

　分かりやすいサンプルとして、現在、宿泊特化(泊まるだけ)の**ビジネスホテル**がある。
　玄関のセンサーで「いらっしゃいませ」と迎え、自動チェックイン機で、銀行のキャッシュディスペンサーと同じようにチェックインサービスをする時代だ。
　滞在中も館内は全て自販機。**TV** もコイン(またはプリペイドカード)。
　チェックアウトは電話代等一部追加料金の精算のため、カードキーを差し込み、チェックアウトの時、自動精算機で代金支払精算をする。※携帯電話の保有も増えたし、追加精算のあるものを廃止したホテルもある。

　ボイスレコーダーで「ありがとうございました」とお礼をいわれてアウトする。

　品川プリンスホテルも、ホテルクレジットカード精算は、自動チェックアウト精算機がある。チェクアウト・ラッシュが緩和される。

　宿泊料金が安いので、サービスに満足感や暖かさは微塵もないが、慣れると別に不愉快でもない。
　しかも、顧客の利用目的とサービス対価の満足度では、なまじっか無愛想なフロントクラークのサービスよりも、安く泊めてくれるならばと、歓迎されている例もある。

リゾートホテルでは、最前線、特にチェックイン、アウトの完全セルフ化だけは勘弁してほしいが、少なくとも、警備・防災設備・機械室等の安全運行管理システム、セキュリティシステムモニター(プライバシー保護と相対関係を考慮)、各サービス要員サービススピードアップのためのバックアップシステムなど、たくさんの改革課題がある。

　花巻温泉には、5,000食のごはんを約一時間でたけるオートメーションごはん工場がある。
　これもハイテク化だ。
　従業員の配置していない場所でも、パブリックに館内電話やモニターTVを適宜に配置し、サービスセンター(通常フロント)とコミュニケーションを取りやすくする。
　係は携帯(PHS)電話またはモバイル端末を保持して、どこにいてもコンタクトができるようにして、すぐサービスの対応をする。
　客の必要な要請をどこからでもキャッチし、即座にサービスフォローをできる体制をつくる。
　また、顧客のプッシュダイアルが、客室係の携帯電話に直接繋がるのもよい。少なくともタライマワシはなくなる。
　少ない従業員数だからこそ、これからは携帯電話とiモード・インターネットまたはPHSを活用した誰でも使える便利な機能を使いこなせるようにしてみたい。

　客室や、廊下で顧客に何か注文されたら、すぐ携帯(PHS)電話またはモバイル端末でサービスが対応できると、導線の長い旅館サービスも大きく改善される。
　注文を受けた人と配膳する人の手配も、従業員の所在を示すコントロールパネルで、最も近い人が指名され、スピーディにサービスの対応ができる"ナビゲーションを活用した要員コントロールシステム"が開発されるのも時間の問題だ。

　例えば、現状では客室で受ける飲食オーダーなどは注文を受けた人が、調理場(配膳室)へ戻り、インターホーン(オーダースリップを書くなど)で手配する。
　そして別の仕事をしながら、料理ができると、また取りに行って、配膳す

第14章 遅れているコンピュータ・ハイテク化！

るというのが一般的な方法だ。

　すでに、ファミリーレストランではハンディタイプのオーダーシステムが開発され、大型レストランやホテルオークラのテラスレストランですら既に使用していて、顧客から何のクレームもなく、むしろ、一部にはサービスの正確さと迅速化により、安心感がある場合もありケースバイケースで検討の余地がある。

　通信が得意のNTT東日本では、PHSを活用して「P-HOT」といわれるモバイル＆データ通信を応用することで、客室ステータス一覧表示、施設管理、ゲスト情報、ドンディス＆メイクルーム管理、清掃時間管理、客室内物品管理や追加オーダーなどサービス管理の第一歩を踏み出した。
　客室電話機とPBX機能を軸に、P-HOTサーバ、CS，PHS端末などネットして、画期的なシステムに発展する可能性を持っている。

　客室制御システムなどは、あわせて移動しながらの管理が可能になり、フロントマンは集中管理官兼移動サービスマンで、全員マネジャーレベルの役割が果たせるほどの機能アップがもうすぐ現実になる。

　客室インターネット（デジタルTVを使った簡単インターネットも可）の設置も簡単になった。
　インターネットのリアルタイム予約のみならず、電話機の機能から予約など音声認識システムにより、フルタイム無人受付が可能となってきた。

　パソコンとPHS、モバイル端末とデータ通信の組み込みで、旅館・ホテルのサービスシステムは大きく変革する。
　従来のシステムにはなかった柔軟性が生まれた。
　その理由の第一は、音声と画像データの双方を充分に活用できることだ。
　したがって、音声とデータ通信による指示・伝達が各従業員とリアルタイムに、かつ双方向にできるので、イレギュラーなオーダーにも迅速に、正確に、オンデマンドで対応が可能となり、サービスレベルが飛躍的にレベルアップすることになる。いよいよITによるサービス革命の可能性がでてきた。本当に楽しみだ。

特に、旅館が一番遅れている点は、1泊2食付料金という慣習が災いしてか、事前予約やパッケージ商品には強いが、変則オーダー、その他の個別要望の即時対応には弱いことである。
　この点が一流ホテルに比べ、かなり立遅れているといえる。
　顧客のニーズをわがままと取るか、これから少しでも旅館側の事情を乗り越えて、顧客の要望にスピーディに応えるサービスシステムを構築するかは将来への重要な分岐点である。

　例えば、携帯電話とiモードの普及やカーナビ情報の普及によって、ドライブ途上の当日予約など、益々増える可能性も、あるいは、夕食の好みを注文するかもしれない。
　また、夕食をすませた客が宿泊したい可能性もある。
　今は、臨機応変とはいえ、それらの対応の運営方針やシステム化を明確にしておかないと時代遅れになる。
　無理なことや対価が合わない(旅館顧客相互)場合など、当然商談は成り立たないが、できるだけ多くの客に泊まってもらいたいという気持ちがあるなら、逐一上司が各セクションの調整をしてから応答するようでは、顧客は待ちきれなくて、よその旅館・ホテルへ行くことになる。
　サービスポリシーの確立と運営のシステム化とは切っても切れない問題だということを再認識したい。

　一般企業がアクセス・イントラネットで各社員のスケジュールなど業務管理をできる道具が携帯電話やPHSのように気軽に使える機能を活かして、もっとリアルタイムに効率的で低コストのシステムが開発・普及される可能性を期待したい。

　今まではコンピュータ・ハイテク化はバック管理システムと機能的(機械化)サービスの改善を進めたが、これからは携帯iモードやPHSなどで、いわゆるリアルタイムなモバイルデータ通信が可能になり、本格的に人的サービスに対する前線のフォローアップが可能になる。

　技術革新もメーカーへの依存型から旅館・ホテル側からの立案型に変わらなければならない。
　完成された新しい技術の導入や技術提携や共同開発などの手段を駆使して、

自らの立案型で経営革新する旅館・ホテルのみが21世紀の将来をリードしていくことだけは確かだ。

　もっと、旅館・ホテルが自ら発信して、ハイテク化の提案が積極的にハード・ソフトメーカーに対してなされるべきだ。
　できるか、できないかは専門家の知恵に頼るとして、素人の知恵でよいから考え方を絵に描いてみるとよい。
　意外に、旅館・ホテルを知る現場の人のアイデアから、画期的なシステムが生まれるかもしれない。

あとがき

　著者は幼年期から親の影響で旅行が好きだったせいか、あちこちの旅館に泊まり、とても親切にしてもらった思い出も多い。
　大学時代には必然的にレジャー産業を我が天職と志して、ホテル学校にも進み、この道を選んだ。
　当時、東京オリンピックを契機に第一次ホテルブームといわれ、丁度、ホテルオークラ、ホテルニューオータニなど一流ホテルが続々誕生した時代であり、ホテル業界が大きく発展を始めた時期であった。
　少し遅れて、リゾートブームといわれる時代が来るが、そんな中で、著者はまだ未知数のリゾート旅館・ホテルに大きな興味を持つことになった。
　そして、別荘地開発をベースにリゾートホテル開発に夢をもつ企業に入社することになった。

　著者は開拓魂に富んだ創業経営者の下で33年間、国内・海外へ旅館・ホテル11軒、日本料理・中華などレストラン3軒を開設・運営し、M&Aを始め、売却、閉鎖、解体など不本意ながら多彩に経験をすることになった。
　いずれにしても、旅館・ホテル業が成功するためには「思い入れのある」経営者または総支配人が10~30年を費やし遠大な運営ポリシーを持ち、従業員の理解と協力をえて行うべき本当に根気のいる超長期事業であることをしみじみと教えられた。

　わが国の旅館・ホテル業界は、課題と対策の要点を整理すると、特にバブル崩壊以後、未曾有の構造不況に陥り、利用客の低迷、客単価の減少など大幅な売上減少・低迷となり、経営は大規模なリストラを余儀なくされてきた。
　現況の経営体質は装置産業の特性からして、固定費率が高く、営業コストの変動費化が大きな改革のテーマになっていて、抜本的な経営構造改革を迫られている。

　従業員もサービス業が好きだというだけで永年勤まった時代が終わり、貢

献できる人材のみが必要な時代になった。
　また、経営者も仕事がただ好きで素直に勤めてくれた従業員に、安い賃金で滅私奉公を求めた時代も終わった。
　有能な人材の育成とその貢献に報いられる賃金・報酬など新・雇用改革が必要な時代になった。

　資産価値の保全とメンテナンス技術はこれからの経営の重大要素。
　リノベーションはイノベーションとして、長期経営計画のカナメとならなければならない。

　特に資産デフレは、投資意欲の敬遠要素となり、旅館・ホテル業の発展を大きく妨げる要因になりつつある。

　旅館・ホテルは企業（個人でも従業員を雇用している場合の経営意識は同じ）として存続していくために、投資家や金融機関に理解の得られる業界によみがえらなければならない。

　今までは膨大な固定資産（まさに装置）を担保にインフレヘッジのお陰で融資も得られたが、資産デフレの現在は、投資に対し担保能力は厳しく評価され、むしろ土地・建物から得られる明確な収益還元法と経営技術（ノウハウ）の信用に基づいて融資決済される時代になった。
　ましてや、旅館・ホテル業界は業績はともかくとして、市場から金融調達できる株式公開能力なども併せて、大きく経営手法の変革を望まれる時代になった。

　当然、一般企業は会計システムも国際会計基準に準じる時代になった。
　旅館・ホテルも新たな会計システム変革の時代だ。

　旅館・ホテルは株主や金融機関に収益効率・キャッシュフローが明確に説明できる経営技術が必要な時代になり、従来のような長い取引の信用だけでは資金調達も難しくなった。

　いわずとも、銀行・金融機関の再編がめまぐるしく、担当者や人間関係の信頼関係だけでは組織的対応が困難になったことは明らかだからだ。

顧客のニーズも多彩で、細分化された。
　旅館・ホテル側の事情に顧客は同調してくれない時代になった。

　販売も大手エージェントに頼り過ぎた過去の販売方法はマスメディア・IT時代に大きく変わる。
　もちろん、エージェントもマスメディア・ITビジネスに変革される。

　市場の際だった特徴は、家族、夫婦、友達、同好会など、ますます小グループ化・拡散化していることだ。
　例えば、旅館が嫌がる二人旅、一人旅も主流ニーズに変わる日も予測される。
　個々人マーケットを網羅するための新しい接点とネットワークがポイントになる。

　決して伝統や経験の優れた基調まで変えることはないが、世界は、様々な経営手法や技術などグローバルに、縦横無尽に、しかも超スピードで変化する時代の中にある。

　明日のために、常に変革しやすい柔軟性のある組織や経営体質だけは、いち早く身につけなければならない。

　最後に、21世紀、失われがちな「大切な心の時代」を支える旅館・ホテルのようなホスピタリティ産業は、業界結集して、もっと大きな「人間のロマンを育む産業集団」をめざすこと願ってやまない。

近未来ホスピタリティ産業研究所
代表　重森安雄

旅館・ホテル業界の現状分析
参考資料ダイジェスト

本書の執筆に際して、参考にさせて頂いた諸資料について、資料提供者の方々には、心から、感謝申し上げるとともに、読者の皆様のために、ダイジェスト版で恐縮ですが、本文の内容に対する客観的な判断材料として、あえて巻末添付させていただきました。諸資料を各要点のみ抜粋の上カテゴリーごとに合成した部分もありご容赦くださいませ。ご参考になれば幸いです。

★資料1

国内市場の現状と将来

　1999年、日本のGDE（国内総支出）は495兆円。2000年は498兆円（見込み）。1998年の成長率はマイナス2.8％の低迷。国内総支出も前年比マイナス1.1％と減少。純輸出は98年から連続で大幅増加。99年度も一部景気対策効果で、前年増の企業もあるが、全体では不景気の底打ちが経済報告を通じていわれるほど、IT市場を除いては、市場の景況は回復せず、企業の増益も大半がリストラ効果によるものが多い。
　OECD経済見通しでは日本の実質経済成長率は2000年1.4％、2001年1.2％であるが、目標としても達成は厳しい。

　ましてや、旅館・ホテル市場に還流する法人需要は景気ばかりでなく、ビッグバン以来、国際会計基準への移行、情報開示基準の拡大などで、社会の商慣習が大きく変革される時代にもなっている。

　法人需要は、特に交際費勘定支出による利用は今後大きく減少し、国際的な大企業ほど一段と会議費、販売促進費、旅費交通費、福利厚生費などが明瞭でかつ合理的な利用に変わっていくものと思われる。

　しかしながら、旅館・ホテルはビジネス市場の新しいニーズに対応をすることで、新たな利用形態を創出できる可能性は大である。

　本来的には需要の基盤である個人、家族、友人サークルなど個人市場も、景気のみならず、変わりゆく企業の経営リストラと雇用システムの変貌による先行き不安があり、未だ動向が鈍い。

リストラによる失業者も、5％近くと大幅に拡大していることもあって、貯蓄性向は相変わらず高いものの、消費動向は未だ厳しい。国内・海外旅行とも、「安、近、短」、から「安、遠、短」と商品化が多彩になるも、顧客市場も、旅館・ホテルも利用客数や回数・頻度を重視するため、必然的に低価格競争が避けられない状況にある。

　しかし本質的には、レジャー・余暇志向はますます高まっていくので、その多角的なニーズを分析し、ターゲットを的確にとらえて市場の再開発をすることと、抜本的な企業変革を成しとげることで、旅館・ホテルの新たな未来は開ける。

　また、その先にはWTOによると、世界の国際観光量は98年観光客数6億25百万人から、2010年に10億人、2020年には15億人。旅行収入2兆ドルに達すると予測しており、まさに「21世紀は地球観光の時代」を迎えるためにも、できるだけ大きく市場をとらえてチャレンジしたい。

★資料2

旅館・ホテル市場概況

国内観光・兼観光市場規模
資料：観光白書　2000年版　（1999年度実績）

観光・行楽延べ人員　1億96百万人（前年比△4％）　1人当り回数　1.55回
観光・兼観光消費総額　全体8兆2千億円、1人当り年間消費額　64,700円
主要旅行業者50社の国内・海外含む総取扱高は5兆8640億円（前年比△2.5％）

国内宿泊旅行の回数　1人当り平均2.58回、国民全体は推計　延べ3億26百万回
旅行の目的別　観光53.0％、家事・帰省18.8％、業務14.4％、兼観光は7.1％。
10代・20代は女性　30代は男性が高い　40代・50代は男女ほぼ同率
国内旅行の宿泊数　1人当り平均4.97泊　国民全体は推計　延べ6億29百万泊
旅行の目的別　観光42.8％、家事・帰省22.4％、業務19.6％、兼観光は10.1％。

旅館・ホテルの件数
資料：厚生省生活衛生局「環境衛生・営業施設調査」　1999年3月末

旅　館　軒　数　　67,891軒　80年83,226軒をピークに減少。65年67,485軒に僅少。
　　　　客室数　　978,575室　92年1,014,765室をピークに減少傾向。
ホテル軒　数　　 7,944軒　65年258軒、85年3,332軒、90年5,374軒、95年7,174軒
　　　　客室数　　591,300室　90年397,346室、94年515,207室と大規模ホテル急増。依然増加。

合　計　軒　数　　79,835軒　客室数　1,569,875室

　　　　1軒当り客室数　　旅館14.4室、ホテル74.4室

宿泊単価　1人当り
資料：日観連「営業概況調査」、全日本シティーホテル連盟、1998年度他　都市ホテルは推計

　　　　　　　　　旅館（1泊2食）　　ビジネスホテル（シングル）　　都市ホテル
平均宿泊料　　17,804円　　6,558円（東京8,491円）　　17,779円　ピークより17％減

資料2

宿泊稼働率
資料：日観連「営業概況調査」全日本シティーホテル連盟、日本ホテル協会1999年度　他

	旅館	ビジネスホテル	都市ホテル
全国平均	定員39.5%	客室64.9%（東京76.7%）	客室70.0%（ベッド59.8%）

＊ただ、2000年現在、景気の一部回復気配から、主要都市ホテルの稼働率状況では、東京が前年同月比で連続的に上昇傾向の兆しがあるが、一部都市では、未だ不安定稼働の状況もあり、地域格差とホテル間格差は激しい。
　総体的には、観光地全国平均と一部低迷の都市部を除くと、0.1ポイント～6ポイントの上昇気配が出ている。
　しかし、依然として、客単価の低迷など経営環境は厳しい。

職階別国内出張旅費　2000年3月度調査
（単位：円）全日本シティホテル連盟

	部　長	課　長	係　長	一般職
1990年	11,246	10,499	9,778	9,435
1995年	12,575	11,859	11,107	10,815
2000年	12,772	12,054	11,427	11,217

■2000年の国内旅行は横ばいながら、若干の増加傾向。
　JTBによると、2000年、国内旅行は3億2千544万人。
　消費単価は、さらに、0.8%減少して、50,412円程度になっている。
　注：一部高級志向は潜在するものの、依然として、低価格志向が市場の大勢となって、「安、遠、短」やアウトドア、スポーツ、文化などレジャー形態が個人主体で多様化しており、商品・サービスとも品質重視がますます厳しくなっていることを認識しなければならない。

▼旅館・ホテル業界の現状分析　参考資料ダイジェスト

★資料3

国観連営業概況

資料：国際観光旅館連盟営業状況等統計資料参考　2000年1月

国際観光旅館　規模別営業指数

（1999年全国平均）　　（単位：単価は円、以下は万円）

	大旅館	中旅館	小旅館
総客単価	20,894	20,508	23,690
宿泊料単価	13,664	13,620	16,676
飲料単価	1,848	1,851	2,085
売店単価	2,010	1,337	999
付帯・その他単価	2,463	2,021	1,916
一室当り売上高	1,548万	1,229万	1,138万
従業員1人当り売上高	1,319万	999万	899万
労働生産性	957万	739万	666万
3.3㎡当り売上高	35万	31万	25万
売店3.3㎡当り売上高	368万	194万	124万

注：営業効率として見ると、総客単価、宿泊料、飲料単価において、小旅館が最も高く、その他の経営指標では大旅館が高くなっているが、小旅館は1室当り売上高、労働生産性はさらに低下。

規模別収益率　平均

（単位：％）

	大旅館	中旅館	小旅館
売上高	100	100	100
売上原価 料理15~17%	27.4	26.0	25.9
売上総利益	72.6	74.0	74.1
人件費	27.9	33.0	35.9
その他経費	36.3	34.5	36.3
減価償却費	8.2	6.5	5.4
支払利息	4.7	4.5	3.8
営業利益	△4.5	△4.5	△7.3
税引き前利益	△3.4	△2.5	△2.7
GOP（償却・金利等前営業利益）	8.4	6.5	3.9

注：依然、売上は減少傾向が続き、原価率は、料理材料費率は増加、飲料仕入率はほぼ横ばい、売店仕入原価率は仕入努力により若干減少した。人件費率をみると、雇用調整努力にも係わらず売上減収に追いつかず中小旅館は再び上昇。減価償却費比率は、露天風呂などの一時投資が落ち着き横ばい状態。

小旅館は再設備投資も少なく減少ぎみで、支払い利息率も全体的に低金利の効果もあり横ばい。
経営全体では、営業利益、税引き前利益で平成5年度から連続6年間マイナスとなり厳しい実体。
償却・金利等前利益GOPで見ても、大規模8.4%～小規模3.9%であり、収益状況に対応した抜本的経営構造改革とキャッシュフロー重視の経営能力が問われている。

■宿泊客1人当り主要コスト （単位：円）

	大旅館	中旅館	小旅館
総売上客単価	20,894	20,508	23,690
売上原価	5,732	5,340	6,134
客室消耗品	371	469	590
送客手数料	1,657	1,452	1,156
広告宣伝費	326	313	315
水道光熱費	926	996	1,357
修繕費	314	333	490

総資本効率の推移　　　国観連　営業状況等統計による　（単位：万円, %, 年）

1軒当り		1975年	1980年	1990年	1995年	1998年
総資本	大旅館	137,492	175,619	430,749	565,118	534,169
	中旅館	42,535	66,125	115,921	170,358	139,925
	小旅館	14,981	27,002	29,305	51,570	40,768
総資本利益率	大旅館	1.7	1.8	2.5	△1.3	—
	中旅館	0.6	△0.4	1.7	△1.2	—
	小旅館	2.1	2.9	1.0	△1.2	—
資本回収年数	大旅館	9.7	9.3	9.6	29.4	—
	中旅館	9.5	15.8	12.2	40.1	—
	小旅館	6.4	8.1	12.2	32.3	—

総資本回転率は各規模とも1995年を底にやや上向き。総資本は1995年をピークに減少。

収益性の変化

国観連営業状況等統計

		1975年度	1998年度
売上総利益率	大	72.3%	72.6%
	中	74.3%	74.0%
	小	71.8%	74.1%
売上高営業利益	大	8.3%	△4.5%
	中	7.5%	△4.5%
	小	6.8%	△7.3%
総資本回転率	大	0.92%	0.48%
	中	0.87%	0.54%
	小	1.07%	0.65%

注：問題はバブル経済による地価の高騰や高級志向化による設備投資の増大などで、90年度から95年度で資本回収年数は3倍以上になり、回収に30年平均以上かかる重装置産業の典型になっている。

施設・設備状況　1997年度

1室当り延べ面積　大147㎡　中140㎡　小125㎡、客1人当り面積　大33㎡、中30㎡小28㎡となっている。

	大旅館		中旅館		小旅館	
	面積	構成比	面積	構成比	面積	構成比
建築延べ面積	21,798	100	8,114	100	2,943	100
客室部分	9,662	44.3	3,661	45.1	1,321	44.9
宴会場	1,401	6.4	466	5.7	266	9.0
ロビー	2,569	11.8	895	11.0	360	12.2
大浴場	663	3.0	241	3.0	31	1.0
会議室，食堂その他	3,257	15.0	1,078	13.3	371	12.6
パブリック計	7,890	36.2	2,680	33.0	1,028	34.8
厨房	1,052	4.8	267	3.3	74	2.5
機械室	876	4.0	345	4.2	146	5.0
駐車場	276	1.3	160	2.0	52	1.8
従業員施設その他	1,021	4.7	481	5.9	176	5.9
その他	1,021	4.7	519	6.4	147	5.0
別棟従業員宿舎	1,962		627		176	

ホテル営業概況

日本ホテル協会経営実態調査　1999年3月期

都市ホテル経営資料

　1998年度の日本ホテル協会加盟のうち、主要252ホテルの決算結果で見ると、全体は営業収入が7.4%減少したのに対し、営業費用の削減努力は6.7%に止まったため、前年に比較して減収減益となり、赤字幅が増大している。

　売上高対経常利益率でみると、京浜△1.0%、京阪神△7.2%、その他の都市△2.3%、リゾート△4.9%である。

　ちなみに、売上高対金利負担率は京浜△2.9%、京阪神△3.3%、その他の都市△2.9%、リゾート△3.3%となっている。

規模／立地別　経営効率

一軒当り平均（単位：億円）

	総資産	総資本経常利益率(%)	売上高純利益率	固定比率	総資本回転率	自己資本回転率
全　　国	7,864	△1.7	△5.1	828.2	0.56	5.46
京浜	15,176	△0.5	△4.3	376.9	0.5	2.22
京阪神	11,817	△3.5	△11.7	614.7	0.48	3.30
その他	4,789	△1.6	△2.8	—	0.69	—
リゾート	4,859	△2.9	△3.6	4,753.5	0.59	32.52

　注：全国平均一軒当り、総資産78億円、固定資産の割合85.5%、流動資産14.4%。
　　　総資本から見る固定負債49.0%、流動負債40.6%、自己資本率10.3%は厳しい現状。
　　　総資本回転率は前年比0.04ポイント低下、自己資本回転率は0.66ポイントの横ばい。
　　　財務比率では、固定比率、負債比率も依然として増加傾向。
　　　全体的な減収・減益のなかで、縮小均衡努力を強いられている。

規模・立地別収入構成

1999年3月期　経営実態調査より　（単位：百万円、%）

	一ホテル当り収入額	室料	料飲	サービス料	貸し室	その他付帯
全　　国	4,589	969	1,861	254	121	837
京浜	7,842	1,773	2,883	450	250	1,602
京阪神	6,097	1,273	2,500	343	184	1,187
その他	3,374	673	1,478	180	73	605
リゾート	2,952	616	1,186	162	49	261
700室以上	16,528	4,491	6,200	1,046	665	2,611
400〜699室	8,181	2,144	2,879	528	202	1,237
300〜399室	4,435	1,079	1,771	247	246	813
100〜299室	2,845	562	1,301	162	51	490
99室以下	1,624	244	803	74	39	230

注：1998年の一軒当り収入額は平均45.89億円、前年比5%2.7億円の減少。
規模別には、大規模ほど室料、小規模ほど料飲の構成比が高くなる。
稼働率は一部上昇気配にあるも、客単価の低迷から未だ減収または横ばい傾向にあり、厳しい経営環境。

規模・立地別　料理・飲料原価率

日本ホテル協会1999年度3月期
(％)

	料理材料費率	飲物材料費率	料飲材料費比率計
全　　国	29.8	23.1	28.5
京浜	26.1	17.7	24.3
京阪神	31.0	23.2	29.5
その他	30.0	26.6	30.1
リゾート	34.4	30.7	33.9
700室以上	27.4	17.4	25.3
400〜699室	29.5	20.6	27.8
300〜399室	31.6	23.8	30.1
100〜299室	31.5	28.7	31.0
99室以下	33.4	30.5	32.9

料飲材料費は90年代に入り乱高下。1999年は前年比大きく削減。
規模別では大規模ほど効率が良く、小規模ほど減価率が高い。

規模・立地別　主要経費　売上げ対支出構成比率

（単位：百万円　％）

	食事原価	飲物原価	その他原価	原価計	人件費	業務委託費	水道光熱費	減価償却	支払利息
全　国	10.0	1.9	12.7	24.6	31.8	5.9	5.2	5.4	2.9
京浜	8.2	1.5	11.3	21.0	30.3	8.4	4.9	5.8	2.8
京阪神	10.4	1.9	13.4	25.7	32.9	5.4	5.5	5.6	3.3
その他	11.2	2.3	13.7	27.2	31.1	4.2	5.4	4.5	2.8
リゾート	11.5	1.7	11.9	25.1	37.6	4.5	4.4	6.7	3.2
700室以上	8.3	1.4	10.8	20.5	32.2	4.8	4.9	5.5	1.8
400〜699室	10.5	1.7	9.7	21.9	31.7	6.0	5.5	3.8	2.7
300〜399室	9.9	1.8	13.9	25.6	29.6	6.1	6.1	6.9	4.7
100〜299室	11.5	2.5	14.0	28.0	31.6	5.1	5.7	5.4	3.1
99室以下	14.9	3.0	15.3	33.2	34.0	1.9	4.7	5.3	2.8

1994年をピークに下降傾向にあった人件費率は売上比から見ても、31.6％で相変わらず大きい。
経費構成では人件費、営業・管理費等減収に相応して、厳しいリストラ努力を強いられているが、減収をカバーできず連続的な赤字傾向となっている。

その他経営分析　全国平均

一ホテル当りの従業員数は280人で1994年度以降減少傾向が続く。
従業員1人当り客室数は、1.07室、従業員1人当り売上高15.8百万円、労働生産性（1人当り付加価値類）672万円、労働装備率1,743万円、従業員1人当り人件費504万円、設備投資効率38.6%となっている。

ビジネスホテル経営資料

全日本シティーホテル連盟1999年3月期

会員ホテルのうち、損益計算書提出89軒の経営分析結果、赤字ホテルは3分の1、営業収入は1.5%と微増。経常利益、当期利益は大幅減少となった。
営業収入は微増であるが、関東と中・四国地域のみである。

主要地域別収支構成　1ホテル併記（107室） （単位 %）

	金額（千円）	売上比	前年比	備考※98年3月期
室料売上	205,886	63.2	8.0	
料飲売上	88,890	27.3	△1.8	
その他	30,977	9.5	△22.4	
総売上	325,753	100.0	1.5	※321,047
材料原価	51,638	15.8	14.9	
売上総利益	274,115	84.2	△1.0	※276,122
人件費	85,670	26.2	0.0	
水道光熱費	21,273	6.5	7.7	
外部委託費	29,819	9.1	10.1	
地代家賃	41,841	12.8	4.5	
減価償却費	19,485	5.9	29.1	
その他	62,150	19.0	△10.2	
営業利益	13,877	4.2	△28.0	※19,281
営業外収入	6,639	2.0	17.2	※5,663
営業外費用	11,778	3.6	△16.2	※14,059
経常利益	8,739	2.6	△19.7	※10,885
G.O.P	80,342	24.6	△3.0	※82,808

注：当期利益では平均で△9千円（前年44千円）となり、依然厳しい経営状況は続いている。
　　一ホテル平均貸借対照表によると資産合計は1.5%減少、負債合計は2.6%の減少となっている。
　　全体ではリストラに務める姿が読めるが、抜本的な経営構造改革には及ばないため収益効果が上がらない。

その他経営分析
　　客室1室当り営業収入3,049千円、1室当り従業員数0.32人
　　従業員1人当り営業収入9,590千円、1人当り人件費2,522千円

客室規模別平均従業員数　　　　　　　　　　　　　　　　　　　　（単位：人）

室数	1～49	50～99	100～199	200	平均従業員数
正社員	6.7(9.6)	11.5(13.4)	15.4(15.1)	38.5(39.0)	14.8(14.3)
パート	12.0(8.1)	14.7(19.8)	22.2(14.2)	39.4(30.5)	19.2(17.4)
計	18.7(17.7)	26.2(33.2)	37.6(29.3)	77.9(76.5)	34.0(31.7)

※（　）内は前年度。50~99室のホテルは7人も減少したが、100~199室のホテルでは8.3人増加。特にパートの増減が多い。

平均宿泊料金（シングルW／B）　　　　　　　　　　　　（単位：千円　1998年度分）

全国	関東	中部	近畿	九州／沖縄
6,839	8,120	6,233	7,146	5,912

客室全体のシングル比率76.4%　宿泊料金上昇率は未だ低迷。

★資料5

旅館・ホテルの労働環境

労務指標

資料：国観連　営業状況調査2000年1月報告　（単位：万円，％，人，室）

	大旅館	中旅館	小旅館
従業員1人当り売上高	1,319万円	999万円	899万円
労働生産性	957万円	739万円	666万円
人時生産性　1時間当り	5,223円	4,142円	3,903円
従業員1人当り人件費	368万円	330万円	322万円
1室当り従業員数	1.17人	1.24人	1.27人
客室係り持ち部屋数	3.81室	3.49室	2.6室

注：労働生産性＝売上総利益÷従業員数、付加価値率＝売上総利益÷売上高×100　人時生産性＝労働生産性／1人当り総労働時間

労働効率

※人件費／売上総利益

労働分配率は大旅館で38.4％、中旅館44.6％、小旅館48.4％と全体的に高く、労働集約が重い。

労働生産性が改善できず、特に赤字旅館では労働分配率は大41.0～小52.1％になっていて危機。

労働時間と給与の比較

労働省　勤労統計　1999年3月

	出勤日数	実労働時間	現金支給額
旅館／ホテル等	20.9	157.6	256,026
全産業	19.7	155.7	409,234
サービス業	19.4	149.1	415,907

注：旅館の実労働時間は月間158時間で年々低下、現金支給総額は全産業平均より、15万3千円低い。

注：事業所規模30人以上で、男平均21.6日　170.3時間　332,528円
　　　　　　　　　　　　女　　20.2日　144.2時間　175,332円

▼旅館・ホテル業界の現状分析　参考資料ダイジェスト

1999年一般企業平均初任給

資料：労働省　賃金統計速報　99年11月　社員10人以上の17,000社調査

大卒　194,200円（男196,600円，女188,700円）高専，短大　164,900円，高卒153,500円

労働時間

国観連加盟平均で、年間2,000~2,200時間未満が50%を超え、時短が進んでいる。
週40時間制の適用で、97年度より急激に中小旅館でも時短が進捗。

旅館従業員の平均年齢

資料：国観連営業概況等調査　1999年度

男性43.6歳，女性44.3歳。客室係46.9歳。規模別で見ると小旅館ほど高い平均年齢となる。

就業形態

以下資料：日観連　1999年調査

正社員、常雇用パート、臨時・アルバイト、再雇用／嘱託、外注／委託、派遣社員の構成。
常雇用パートは旅館全体の95.8%が採用しており、基幹要員となっている。
雇用形態も50%以上が「繁閑関係なく」雇用していることが多く、
労働力確保と人件費の変動費化は地域によって難しい状況が覗える。

今後の採用方針

1．パート・アルバイト　2．パートの割合を増やす　3．新卒者採用
4．中途採用　5．採用控え削減　6．勤務延長・再雇用　7．スカウト
8．派遣社員　9．女性再雇用　10．正社員

| 募集方法 |

　　1．公共職業安定所　2．友人／知人の紹介　3．従業員の紹介
　　4．中学／高校／大学　5．新聞／雑誌　6．チラシ／新聞／屋外広告
　　7．専門学校　8．人材紹介会社　9．職業団体

| パートに関する労務問題 |

　　1．教育訓練　2．士気　3．管理のあいまい　4．特定の人に片寄る
　　5．管理者の力不足

| パート勤務者の考え方 |

　　1．社会保険に入りたくない　2．扶養家族対象でいたい　3．年金を受給したい
　　4．勤務時間限定　5．正社員になりたい

| 人件費の効率化・コスト削減 |

資料：日観連調査　1999年3月

改善の重要ポイント
　　1．勤務時間の変更　2．業務内容・手順の変更　3．業務分担の変更
　　4．正社員からパートへ変更　5．外注化の促進

繁閑対応策
　　1．パートの活用に重点　2．多能化（マルチ・ジョブ）
　　3．時間別業務内容の把握と計画的管理、4．業務分担の再編成
　　5．閑な時に仕事を生み出す

労務コストの削減策
　　1．パート・アルバイトの割合を増やす　2．残業代の抑制
　　3．労働生産性の向上　4．正社員の採用抑制

業務委託・外注実態

業務全部を業務委託
1．洗濯リネン47.0%　2．客室清掃17.5%　3．パブリック清掃12.7%
4．蒲団敷き9.1%　5．警備・夜警6.4%　6．洗い場5.0%

業務委託や外注の理由
1．特殊な技術や専門知識　2．労務のわずらわしさ
3．繁忙期への時間・時期への対応　4．仕事が正確・迅速　5．コストが安い
6．社員が集めにくい　7．一時的業務だから、8．勤務形態，時間が特殊
9．パートの手配が面倒　10．品質が向上

外注の問題
1．費用が高い　2．固定費となる　3．繁閑に対応できない
4．相場がわからない　5．契約内容の変更や決め方
6．一度頼むと辞められない　7．機動性がない　8．その他

旅館経営者アンケート

資料：レジャー産業研究所調査99年

人材育成（特に中堅幹部）の要点
1．意識改革　2．業績を適切に評価　3．立案実行　4．目標
5．社員を尊重　6．自己研鑽　7．トップとのコミュニケーション
8．他社商品等にふれ常に刺激　9．人材不足は外部から中途採用
10．必要な資質の明確化　11．その他

求められる人材
1．日常業務の適切な処理　2．コスト削減能力　3．経営者への報告能力
4．商品品質を高める提案能力　5．販売力　6．業務改善能力
7．顧客クレーム対処　8．企画商品の立案能力　9．社内での人望

★資料6

ホテルのタイプ別事業特性

1999年11月作成

業態	立地条件	経営規模	顧客市場
シティホテル	人口30万人以上の政令都市等 主要駅、官庁街、繁華街、公園地、大規模再開発の核など	客室数200~1000室 客室スウィート、ツイン主体 1室当り16~200㎡ 大宴会・婚礼・会議研修等 付帯施設、レストランを完備 延べ床3万~12万㎡ 総工費90~600億円	管理職以上のビジネス客、県外賓客、外人客、週末はレジャー客、コンベンション、イベント、冠婚葬祭、宴会、会議など
タウンホテル	人口10万人以上の地方中核都市、郊外新都心、首都圏の衛星都市など	客室数50~200室 客室はツイン、シングル混合 1室当り12~60㎡ 中小宴会、婚礼、会議、レストラン完備 延べ床1万~3万㎡ 総工費20~100億円	宿泊は県外関係ビジネス客、近隣企業、サークル 同窓会、冠婚葬祭など
ビジネスホテル	人口3万人以上の中堅都市、交通の要所、ビジネス拠点に近接　利便な立地 ドライブインは郊外立地	客室数50~1000室 客室はシングル主体 1室当り9~24㎡ 延べ床2千~1万㎡ 総工費6億~40億	宿泊平日出張ビジネスマン主体 リゾート近接都市は週末レジャー客
リゾートホテル	観光資源、自然環境の魅力がある立地 集客力を持つ、大型レジャー施設に近接の立地 ある程度大規模なら、その魅力と需要も創造。	客室数10~400室 和室が主体、定員4~6名 1室当り30㎡以上 規模により、グレードは分類できない 敷地、庭園も重要で広め 延べ床15百~4万㎡ 総工費4億~160億円	観光、レジャー、保養、アウトドアスポーツ等目的で、カップル、友人グループ、各種団体、パック商品客など

★資料7

不動産所有と標準的なホテル経営システム

事業方式	土地・建物	FF&E	
所有・直営	・オーナー所有	・オーナー負担・所有	
賃貸	・オーナー所有 ・一部は内装、造作まで負担もある。	・借主、オペレーター負担・所有が一般的 ・一部は可動するFF&Eのみ負担もある。	
運営委託	・オーナー所有	・オーナー負担	
フランチャイズ	・オーナー所有	・オーナー所有 本部指定品使用など	

注：その他、必要機能を細分化した、業務提携から、資本提携を前提にした企業力強化もあり、リファーラル、フレンドシップなど相互協力システムまで、多彩な組み合わせで、経営改革が行われている。特に、土地建物の所有形態と資金調達法は益々、新たな知恵

経営システム	契約形態	経営の長所・短所
オーナー　直営 ・資本関係費全額負担、売上、営業経費、営業損益、減価償却、金利、建物・不動産管理、最終損益まで全負担責任。		オーナー ・設備投資の負担大。 ・運営ノウハウ、人材雇用、営業費用全ての負担と収益責任。 ・資本回転率小、資本回収長期 ・償却、節税効果長期フローの利点
オーナー ・賃貸収入と償却・金利等資本関係費負担 オペレーター ・契約賃借料負担により売上、営業経費、営業損益の責任。	・不動産賃貸借契約 　階段式　固定賃料 　固定賃料＋売上歩合 　最低保証賃料＋粗利益配分	オーナー ・投資利回りと回収の長期化。 ・長期安定賃料収入(20～30年可) オペレーター ・賃借料負担の固定化、値上げ計画対応。 ・初期投資額僅か。運営ノウハウで開業できる。
オーナー・経営主体 オペレーター ・運営受託料により、 　(売上歩合、インセンティブ・フィー方式) 　売上、営業経費営業利益まで計画、運営代行。	・運営受託契約 　(マネジメント・コントラクト) ・技術援助契約 　(テクニカル・アシスタント・アグリーメント) ・人材派遣契約 ・チェーンホテル宣伝協賛契約など	オーナー ・投資回収リスク大 　収支損益結果リスク ・委託先により、投資効果と還元率拡大可 オペレーター ・対オーナー責任大 ・投資リスク寡少でホテル展開、運営受託料収入
オーナー ・ロイヤリティを支払い、経営支援、送客支援を受ける。 フランチャイザー ・開業準備、運営支援システム等提供	・フランチャイズ契約 ・人材派遣契約 ・技術指導契約、 ・共同宣伝・販売システム加盟契約など	オーナー ・有名ブランドを使用して、有利な営業展開 フランチャイジー ・投資・損益リスク

と手法を求められるため、最近では、一軒のホテルを、開設、運営するため3～4社の法人格を組み合わせて、経営メリットを追求していく時代になっている。

★資料8

旅館・ホテルの坪当り建築単価の推移

資料：建設省建築統計年報　1998年8月

(単位：万円)

	1987年	1990年	1995年	1997年
鉄骨・鉄筋	62.04	103.29	78.54	94.05

注：旅館・ホテルの建築単価は1997年度で鉄筋・鉄骨造り、坪(3.3㎡)単価94万円、ピークに比べ20%の下落。97年度は90年度から見て、着工床面積は61.7%、工事予定額は67.9%の下落。

★資料9

観光市場の顧客動向

余暇活動参加率

資料：1998年レジャー白書　1999年4月

観光/行楽の分類項目	参加率　(％)
ドライブ	58.1
国内観光旅行	52.4
動物園、水族館、植物園、博物館	37.4
遊園地	33.1
ピクニック、ハイキング、野外散歩	30.8
海水浴	23.1
催し物、博覧会	22.8
帰省旅行	20.3
海外旅行	10.7
登山	7.9
オートキャンプ	6.7
フィールドアスレチック	4.0

旅行関連支出

資料：総理府観光白書　1998年調査　1999年6月　（単位：円）

旅行関連支出計	149,903	100　％	16.3％
宿泊料/パック旅行	96,246	64.2％	
交通費	52,635	35.1％	
旅行かばん	1,022	0.7％	
その他自由時間関連支出	771,025		83.7％
自由時間関連支出合計	920,928		100％

注：家計における一世帯当り年間旅行関連支出は前年より2.3％下がり、149,903円
　　自由時間関連支出：外食、ＴＶ、ＶＤ、読書等、スポーツ用品等

| 3日以上の連休が増えた場合の余暇の過ごし方 | 複数回答 |

宿泊旅行	47.6%
趣味・娯楽	22.2%
のんびり	18.5%
日帰り行楽	17.9%
友人の交際	16.8%
ＴＶ・新聞	15.9%
家族の団欒	15.5%
ドライブ	12.3%
飲食・買い物	12.3%
軽スポーツ	12.3%

| 今後の国民生活の動向 | 資料：観光白書2000年（総理府　国民生活に関する世論調査）

1983年以後、レジャー・余暇生活が32.3%で第1位となり、現在まで続く。
2位　住生活(25.4%)　3位　食生活(21.9%)　4位　耐久消費財　5位　衣生活

| 生活の仕方，考え方 |

1位　心の豊かさ　2位　物の豊かさ　3位　一概にいえない

| 労働時間と休日 |

年間総労働時間　1,868時間。
週休2日制採用企業は90%、完全は30%、労働人口の61%。
更に、2000年から、祝日の3連休化が実施され、個人市場の観光促進効果は大きい。

★資料10　市場のニーズに見る　魅力ある観光地・旅館

市場のニーズに見る　魅力ある観光地・旅館

複数回答　　　　　　　資料：ホテル旅館ハンドブック　レジャー産業研究所調査　1996年9月

1. 美味しい食べ物・珍しい民芸品　　57.3％
2. 美しい雄大な自然　　　　　　　　49.2％
3. 露天風呂、湯治場の雰囲気　　　　47.8％
4. 心休まる自然　　　　　　　　　　31.4％
5. 交通事情が良い　　　　　　　　　20.3％
6. 歴史的に有名　　　　　　　　　　19.9％
7. 宿泊施設が充実、遊べる施設　　　19.2％
8. スポーツが楽しめる　　　　　　　18.3％
9. 歩く楽しみ　　　　　　　　　　　11.9％
10. 避暑／避寒　　　　　　　　　　　11.4％
11. 歓楽街、夜の遊び　　　　　　　　8.2％
12. 土地の人が親切に応対　　　　　　4.9％

好きな旅館のタイプ

1. 建物　　　　　大規模　　9.4％　　小規模　25.1％
2. 形態　　　　　和風　　37.9％　　洋風　　11.0％
3. 客室タイプ　　和室　　38.7％　　洋室　　10.9％　和洋室　25.1％
4. トイレ　　　　和式　　　8.8％　　洋式　　67.1％
5. 食事提供場所　客室内　54.6％　　宴会場　　7.9％　レストラン17.0％　個室　9.6％
6. 夕食料理の選択　おまかせ料理　30.8％　　選択料理　54.7％

サービスの重視ポイント

1．清潔さ　2．快適さ　3．安全性　4．便利さ　5．情緒性　6．楽しさ
7．贅沢さ　8．老舗　9．豪華さ　10．面白さ　11．珍しさ　12．話題性
13．簡素さ　14．新しさ　15．正確さ　16．迅速性

求められるサービス

1．バスタオルの備え　2．入浴手拭いの備え　3．歯ブラシ、剃刀の備え
4．貴重品預かり　5．非常口説明　6．蒲団敷き　7．蒲団上げ
8．クレジットの取り扱い　9．玄関から客室までの案内
10．湯茶・菓子サービス　11．タクシー手配、交通案内　12．新聞提供
13．玄関で迎え　14．玄関見送り

旅館を選ぶ時のポイント

1．料理が良い　2．手頃な宿泊料金　3．サービスが良い　4．立地・環境が良い
5．付帯施設の充実　6．交通が便利　7．防災設備の充実　8．建物外観が良い

旅館に欲しい付帯施設
1．大浴場　2．売店　3．自動販売機　4．喫茶、ラウンジ　5．レストラン・食事処　6．サウナ　7．家族風呂　8．室内プール　9．カラオケ　10．ロビー　11．ゲームコーナー　12．ボーリング　13．宴会場　14．居酒屋　15．卓球　16．ビリヤード

館外施設
1．露天風呂　2．駐車場　3．庭園　4．屋外プール　5．テニスコート　6．パターゴルフ

事前に知りたい旅館の情報
1．立地・場所　2．宿泊料金　3．交通利便　4．料理内容　5．大浴場の内容　6．客室内容　7．客室からの景色　8．サービス内容　9．名物の有無　10．娯楽施設の内容

資料：レジャー産業研究所　1996年9月調査

客室の必要備品
1．バスタオル　2．観光案内地図　3．歯ブラシ　4．ティッシュ　5．タオル掛け　6．石鹸・液体石鹸　7．館内パンフレット　8．シャンプー・リンス

設備／機器
1．トイレ　2．テレビ　3．冷蔵庫　4．室温調節・冷暖房　5．風呂　6．ヘアードライアー　7．電気ポット　8．外線直通電話　9．電気スタンド　10．金庫　11．鏡台　12．ラウンジ

新しい設備・備品・サービスのニーズ検証

近未来ホスピタリティ産業研究所分析　1999年11月

1．お好み浴衣、室内くつろぎ着　記念販売パジャマ（スポーティ、ホーミィで持ち帰りパック）　2．お好み安眠まくら（メニューにより貸し出し対応）
3．お好みハーブ／ポプリ（チェックイン時）　4．双方向ＴＶ
5．客室インターネット対応ＩＳＤＮジャック　6．ＴＶゲーム（大人、家族向きも）
7．パソコン＆インターネットルーム（個別利用精算システム）
8．調光器付き室内照明（天井照明）　9．読書用電気スタンド
10．等身大壁面姿見　11．大型ワードローブ＆ドロワー
12．図書室（地域・郷土の観光資料、歴史、物語、植物、動物図鑑、天体、気象など、地域登場か出身作家の小説、新聞、地元紹介雑誌、子供向け図書など提携により整備）
13．エステ・スポーツマッサージ、クィック美容室（風呂上りと連続して、器械・器具と兼務美容師を配置）

★資料11

旅館経営者アンケート

資料：レジャー産業研究所調査　1999年　参考抜粋

旅館経営の研究課題

魅力ある観光地づくり
　　1．美味しい食べ物、珍しい民芸品　2．都会の騒音を離れ、安らぐ自然
　　3．良い交通事情　4．美しく雄大な風景
　　5．温泉があり、湯治場的雰囲気など、地域一体で育成・保護

季節感の表現
　　1．料理の献立　2．客室のディスプレ　3．器・食器等料理の備品
　　4．庭園・自然の景観　5．パブリックのディスプレ　6．客室の備品
　　7．館内BGM　8．サービス　9．その他
　　などの順で努力している。

朝の布団上げの理想時間
　　1．お客が朝食会場に行かれている時　2．チェックアウトされた時
　　3．お客の朝食前

チェックイン・アウト
　　イン　①　15時台　②　14時台　③　16時台　④　13時台
　　アウト　①　10時台　②　11時台
　　顧客サービスの観点から、イン・アウト時間のゆとりを提供するとしたら、チェックアウトを遅くする　53.1％　チェックインを早める　46.9％で改善の考えがみえる。

営業

エージェントセールスの目的
　　1．送客数の向上　2．情報収集　3．企画商品の売り込み　4．知名度向上
　　5．送客数の維持　6．ファンづくり　7．受け入れ打ち合わせ
　　8．送客後の反応　9．クレームの対応　10．その他

訪問頻度

① 1ヶ月に1回　② 3ヶ月に1回　③ 6ヶ月に1回　④ 1年に1回　の順

セールス効果

1．企画を積極的に提示　2．クレームの即対応　3．頻繁な訪問
4．業界情報の提供　5．大口客の予約にすぐ反応
7．営業担当者の個人的資質　8．接待　9．贈答品、土産　など

今後の営業活動

1．顧客情報（管理）システム　2．新たな販路の開拓
3．エージェントセールスの強化　4．インターネット　5．新しい市場開拓
6．ＴＶ／新聞等メディアの活用　など

企画

1．料理　2．低料金　3．サービス　4．施設　5．季節感　6．宿泊
7．客室　8．美容・健康

オフ企画対策

地域　　　　1．地元・近郊を主力に近県、遠方対策

顧客対象　　1．地元客　2．家族客　3．企業団体　4．主婦客　5．高年齢層
　　　　　　6．同窓会・クラス会　7．若い女性客　8．農林漁業　9．学生客
　　　　　　10．同僚　など

販売経路・手段

1．旅行代理店　2．新聞・雑誌・広告　3．訪問セールス
4．ＴＶ・ラジオ　5．紹介客（口コミ）

ＴＶ企画

1．料理や客室、お風呂などの紹介　2．観光地中心の温泉めぐり
3．秘湯・名湯旅館の紹介　4．旅館再建のドキュメント風
5．美人女将の紹介や奮闘記など

資料12

料理部門

資料：1999ホテル旅館ハンドブック　レジャー産業研究所

夕食提供場所
　　1．客室　2．会場　3．レストラン　4．食事処
　　※レストラン、食事処はある程度大旅館

料理管理上の問題点
　　1．何組も担当　2．料理配送　3．長い導線　4．狭いパントリー
　　5．お客の注文に翻弄　6．保冷庫保温庫がない
　　7．料理のできる時間がわからない

料理の品数（夕食）　　　資料：日観連　「旅館経営と料理のあり方研究」1999年3月
　　① 12～13品　② 10～11品　③ 8～9品　④ 14～16品　⑤ 7品以下
　　⑥ 17～19品
　　料理の品数は大・中規模で12～13品、小規模で8～9品が最も多く、全体としては10～13品が7割近い。

献立変更
　　1．季節ごと　2．月ごと　3．半年ごと　4．年間一定

料理研究
　　1．本・料理雑誌　2．他の旅館で学ぶ　3．料理屋・レストランで学ぶ
　　4．料理講習会　5．社内料理研究会・コンテスト　6．特に行わない
　　7．その他
　　本・雑誌での勉強が多いが、実際に料理視察も多い。

関心ある料理
　　1．薬膳料理　2．有機野菜料理　3．糖尿・高血圧配慮の料理
　　4．カロリー表示　5．精進料理　7．ベジタリアン料理
　　以上、健康志向の料理に関心が高い。

> これからの料理提供
　　1．部屋出し　2．料亭街・食事処　3．宴会場・レストランで合同会食
　　4．料金により場所を選択
　　　部屋出しは小旅館ほど高く、料亭・食事処での提供は大旅館に多くなる。

> 料理の選択制
　　1．1~2品　2．料理コース　3．お客の嫌いなものを聞き対応
　　4．料を加減できる
　　　メニューの中で、少なくとも、1~2品はチョイスできるよう配慮しているところが、48.6%と最も多い。

> 朝食の在り方
　　1．お客の時間の自由度を優先（バイキング形式など）
　　2．どちらかと言えば自由度を優先
　　3．より品質の高いものを提供のため時間限定

★資料13

旅館経営者アンケート

資料：1999年度ホテル旅館ハンドブック　レジャー産業研究所

顧客から見たサービスに対する不満

設備

1．危険（防災・防犯設備）　2．汚い・不潔　3．不便
4．古い機能（トイレ、空調など）

料理

1．暖かい料理が冷たく出た　2．ありきたりメニュー
3．郷土の特色がない　4．まずい　5．料金の割に貧相
6．材料が新鮮でない　7．演出がない　8．ご飯がまずい
9．量が少ない　10．定食主体で好みの選択の余地がない。

サービス

1．フロント係の態度、無愛想　2．客室係の笑顔なく、言葉使い悪い
3．案内後サービスなし　4．フロント、客室の連絡が悪い
5．従業員全体が不親切　6．館内案内等不親切
7．ものを尋ねてもろくに返事がない（的確な回答がない）
8．館内で会っても挨拶がない　9．留守中に勝手に客室に入る

上記の、特に、顧客から見たサービスに対する不満は、同時に旅館・ホテルの改革の問題点でもある。

　以上、資料に掲げた各専門機関の統計や、アンケートは年齢別、性別などさらに、詳細に分類してあるが、すべて、本書の分析で参考にさせていただいた要点のみを抜粋して参考資料ダイジェストにした。

　当研究所も、実際に現地取材を通じて、旅館・ホテル業界の実態をとらえ、主要なポイントから、課題や対策を幾多も研究した。
　結論として、経営改革のために必要な基本要素をとらえ直してみると、やはり、従来から、基本3原則である設備、料理、サービスの再構築こそ、最も抜本的改革の重要施策であるということを再認識させられたこともつけ加えておきたい。

著者プロフィール

重　森　安　雄（しげもり　やすお）
1944年生、広島県出身
駒沢大学商経学部卒、YMCA国際ホテル学校研究科を経て、
(株)大京　(旧大京観光)入社、
営業、企画、観光部、ホテル事業部、海外ホテル事業部など担当して、
出向、海外駐在など常に現場の最前線を務め、
(株)ライオンズホテル　専務取締役、
(株)L・Hエンタープライズ　代表取締役　歴任。
現、近未来ホスピタリティ産業研究所　代表。

旅館・ホテル・レストランの開業・運営実務経験豊富！
白河高原大京ホテル、ニューライフホテル中伊豆、
ライオンズホテル新宿・博多・名古屋・大阪、
Gold coast International Hotel, Brisbane Sheraton Hotel &Towers,
Cairns International Hotel, Hilton International Cairns,
Christchurch Park royal Hotel, の他・・・、　レストランは、
日本料理店「山玄」(国内、海外)、広東・飲茶「香花苑」などで・・・
フロント、レストラン、宴会サービスの現場実務を経て・・・、
販売セールス、市場調査、販売企画、商品企画、イベント企画など、
営業の最前線を多彩に経験するとともに・・・、
立地調査、ホテル物件買収調査、開業基本計画、開設準備室、
ホテル・レストラン建設計画・管理、人員計画、人材開発・教育、
FF&E (内装・家具・什器備品)計画・調達、運営受託契約、
対海外オペレータ管理、M&A (買収・売却・合併)など・・・、
33年間、大手デベロッパーにて観光・旅館・ホテル・レストラン部門を担当。
14軒の開業・運営のみならず、リストラ・売却・買収・閉鎖・解体まで、あらゆる体験をした、異色のホテルマン。

このたびは、本書をお読みいただきありがとうございました。
ご意見、ご相談などございましたら、下記eメールまでお問い合わせください。

e-mail　yssoho@mint.ocn.ne.jp

旅館・ホテル　21世紀は地球観光の時代
定価：本体2,000円＋税

2001年3月16日　初版発行

著者
重森　安雄

発行/発売
株式会社創英社/三省堂書店
〒101-0051　東京都千代田区神田神保町1-1
電話03-3291-2295　Fax03-3233-3599

印刷・製本
三美印刷株式会社

Copyright(c),Yasuo Shigemori,2001　　Printed in Japan
乱丁、落丁はお取替えいたします。

ISBN4-88142-465-3 C3034